股市新规一本通

XIN GU MIN WANZHUAN XIN NIU SHI

SPM
南方出版传媒
广东经济出版社
·广州·

图书在版编目（CIP）数据

新股民玩转新牛市：股市新规一本通／刘斌著．—广州：广东经济出版社，2015.5
ISBN 978-7-5454-3959-5

Ⅰ．①新… Ⅱ．①刘… Ⅲ．①股票交易-基本知识 Ⅳ．①F830.91

中国版本图书馆CIP数据核字（2015）第064512号

出版发行	广东经济出版社（广州市环市东路水荫路11号11～12楼）
经销	全国新华书店
印刷	广东新华印刷有限公司 （广东省佛山市南海区盐步河东中心路23号）
开本	730毫米×1020毫米 1/16
印张	11
字数	179 000字
版次	2015年5月第1版
印次	2015年5月第1次
印数	1～5 000
书号	ISBN 978-7-5454-3959-5
定价	30.00元

如发现印装质量问题，影响阅读，请与承印厂联系调换。
发行部地址：广州市环市东路水荫路11号11楼
电话：（020）38306055 37601950 邮政编码：510075
邮购地址：广州市环市路水荫路11号11楼
电话：（020）37601980 邮政编码：510075
营销网址：http：//www · gebook. com
广东经济出版社常年法律顾问：何剑桥律师

目 录
CONTENTS

第一章　新股民入市须知

第一节　新手开户有哪些注意事项

作为一名新手，我们进入股市之前必须要先跨过一道门槛，这道门槛便是开户。账户是我们进入股市的钥匙，连账户都没有再去谈炒股那就像是无稽之谈。

而开户对于很多新手来讲其实也是一个痛苦的过程，因为股票市场存在很多非常专业的知识，一个没有接触过金融知识的人在最初面临这种问题时可能会遭遇一些困难。

首先，我们还是先来讲一下开户的流程。

1. 带身份证去证券公司或者中国证券登记结算公司各地的分公司开股东代码卡（上海证券交易所股东代码卡 40 元，深圳证券交易所股东代码卡 50 元，也有的公司现在有优惠，比如开深圳送上海，只要 50 元就可以都开了）。

2. 选择一家证券公司作为自己的代理交易公司，并签委托代理交易协议书（为了方便最好先选择好证券公司再去办股东代码卡，这样在办卡的同时可以签了协议）。选择证券公司时，可先在网上查询一下公司的具体情况。最好是选有实力的大公司如银河证券、广发证券等。

3. 根据自己的交易方式选择转账方式，如做现场交易可选择银证转账，做网上委托或者电话委托可选择银证通（办理银证转账须带身份证以及股东代码卡原件和复印件，以及资金卡、资金账号去你选择的证券公司所指定的银行办理。银证通没有资金账号也没有资金卡，但是不是所有的证券公司都有银证通业务，所以要问清楚，办银证转账也可）。

4. 学习使用证券公司的交易委托系统，第一次交易前最好问清楚需要注意的细节性问题，如果是网上委托，须下载交易软件，大部分软件都是免费的，并搞清楚使用方法。

5. 将资金通过银证转账或者银证通转入证券公司（转账属于银行业务，在办理时可问清楚能不能通过电话转，最好请办理过的朋友帮忙，但相关密码必须自己一人掌握和输入，不能由别人代劳）。

其次，我们还要了解具体的开户操作流程。

1. 填写开户申请表，客户填写“开户申请表”（一式两份）、“证券交易委托代理协议书”、上海账户的“指定交易协议书”，同时签字确认。对交易或存取款有代理人的客户开户，除必须填写上述协议外，还要求客户本人和代理人同时临柜签署“授权委托书”（一式三份）。若证券账户卡本人不能到场的，由开户代理人办理代开户时，开户代理人还需出示经公证机关依法公证的“授权委托书”，账户本人应承诺承担由此代理而产生的一切法律责任。

2. 验证：客户需提供本人身份证、沪深股东账户卡原件。对交易或存取款有代理人的客户开户，除必须提供上述证件外，还应提供代理人的身份证原件及复印件。

3. 开户处理：符合开户规定的客户，柜台经办人员将客户开户资料输入计算机，并要求客户设定初始交易密码、资金存取密码，打印“客户开户回单”（一式两份）。同时，柜台经办人员按开户流水号为客户开立资金账户号，并为客户配发“证券交易卡”，请客户在“客户开户回单”签字。

开资金账户：股票账户开好后，券商将为每个股民开立资金账户，专门用于股票交易的资金结算。开立资金户券商一般不会收费。

开完资金账户后，投资者可以到营业部办理资金存取业务了。既可以直接到营业部进行现金存取，也可以通过银行进行银证转账等方式存取资金。开户之后的次一交易日，投资者就可以开始交易了。目前主要的交易方式包括：现场交易、电话委托交易和网上交易等。

除此之外，新手开户还要注意以下事项：

1. 买卖股票最低单位为 1 手，也就是 100 股。

2. 买卖股票收取的手续费：

a. 印花税——0.10%；

b. 过户费——上海（每 1 000 股 1 元，起点 1 元），深圳不收；

c. 交易佣金——最高 0.3%，起点 5 元。

第二节　新手怎么开通创业板

创业板，又称二板市场（Second-board Market）即第二股票交易市场，是与主板市场（Main-Board Market）不同的一类证券市场，专为暂时无法在主板上市的创业型企业、中小企业和高科技产业企业等需要进行融资和发展的企业提供融资途径和成长空间的证券交易市场，是对主板市场的重要补充，在资本市场有着重要的位置。

创业板的作用和意义：

设置创业板最初的设想，是借鉴国外资本市场对科技创新公司的推进作用。由于上市门槛较低，吸引了大批科技类创业公司在此上市，让中小企业通过创业板得到了资本市场的支持，实现了快速成长，进而带动了整个经济向新经济转型。

风险投资者是初创高科技企业的衣食父母；而数以亿计的股民又是风险投资者的衣食父母。此话怎讲？“风险投资”在资本市场上同“对冲基金”一样，是资本市场最活跃的弄潮儿之一。它的使命就是将一些无法确定风险的高科技成果转化为生产力，使那些原本没有多少机会变成小鸡崽的鸡蛋得以破壳。它是美国知识经济时代文化的发源地；同时它也是人类社会发展的推进器，它对社会的进步特别是高科技的发展功不可没。可以说，没有它的参与，就没有今日美国的硅谷以及微软、英特尔、苹果、辉瑞、甲骨文。

风险投资是一种风险最大回报最高的投资，说它风险大，因为投入后可能会颗粒无收。请看当年美国两家风险投资公司，因为陈逸飞先生的逸飞集团前景极被看好，投资了500万美元，但随着当年大师的骤然仙逝，这巨额风险投资也打了水漂，充分体现了风险投资的风险性；说它回报高，是因为一旦投资的公司上市，便能得到数倍甚至数十倍的回报，像盛大网络的风险投资公司投资5 000万美元，该股在纳斯达克上市后，增值了数十倍。

创业板的创立和私募股权资本的繁荣，可以使一些优秀的新兴企业挣脱融资约束，尽早脱颖而出，快速成长壮大。例如，原来至少需要5年才能实现的投资计划，现在 3 年内就实现了。因为创业板缩短了企业从创业到上市的时间，使那些在银行系统下难以获得融资的优秀新兴企业更早地输到“血”。美国企业从创业到上市的平均时间已由 20 世纪 80 年代前的 10 年，缩短到 5 年。从创立到上市时间的缩短，还可以使一大批优秀的中小企业冲破大企业的打压，拒绝大企业的并购威胁，实现独立成长和壮大，有的甚至还能蛇吞象。

创业板的创立会给更多的企业带来挑战和威胁，必将加快新兴企业的竞争地位分化和优胜劣汰。创业板的创立和私募股权资本的繁荣，能使中小企业面临充裕的融资环境，让中小企业成长空间大，成长能力强，成长效率高，成长速度快，成长价值更高。创业板是激发人们热衷于创新、推动企业自主创新的重要“加速器”。如果说主板市场被称为“国民经济的晴雨表”，创业板则是“技术创新和商业模式创新的晴雨表”，因为在创业板上市的企业可能还处于低盈利状态，但却是冉冉升起的朝阳，代表了未来的成长趋势。

创业板开户的要求：

1. “300” 开头的股票是创业板股票，需开通创业板权限。

2. 创业板的股票是“300” 开头的。开通创业板需要从开立证券第一笔交易起，需要满 2 年才能开通的。

3. 如您交易经验已满两年，可以本人携带身份证、资金账户卡、沪深股东卡到开户营业部现场申请开通创业板权限，申请后，2 个交易日开通。

4. 由于创业板风险较大，交易所原则上对开户未满两年的客户不建议开通；如果您强烈需要开通，各营业部有权考虑能否给您开通。

网上开通创业板须知：

1. 准备：身份证、银行卡、摄像头、手机。

2. 网上开户步骤，进入开户页面，选择营业部与佣金套餐、服务经理工号，上传个人身份证照片，等待视频验证。

第三节 融资融券是怎么回事

所谓融资融券，指的是信用交易，它又可分为融资交易和融券交易。通俗地说，融资交易就是投资者以资金或证券作为质押，向券商借入资金用于证券买卖，并在约定的期限内偿还借款本金和利息；融券交易是投资者以资金或证券作为质押，向券商借入证券卖出，在约定的期限内，买入相同数量和品种的证券归还券商并支付相应的融券费用。总体来说，融资融券交易关键在于一个“融”字，有“融”，投资者就必须提供一定的担保和支付一定的费用，并在约定期内归还借贷的资金或证券。

2008 年 4 月 23 日国务院颁布的《证券公司监督管理条例》对融资融券做了如下定义：融资融券业务，是指在证券交易所或者国务院批准的其他证券交易场所进行的证券交易中，证券公司向客户出借资金供其买入证券或者出借证券供其卖出，并由客户交存相应担保物的经营活动。

2013 年 4 月，多家券商将“两融”最新门槛调整为客户资产达 10 万元、开户满 6 个月。券商大幅降低“两融”门槛，将提高这一市场交易活跃度。因此，融资融券势必会成为新一轮牛市中的 x 因素。

下面，我们通过几个案例来说明“融资融券”的一些作用。

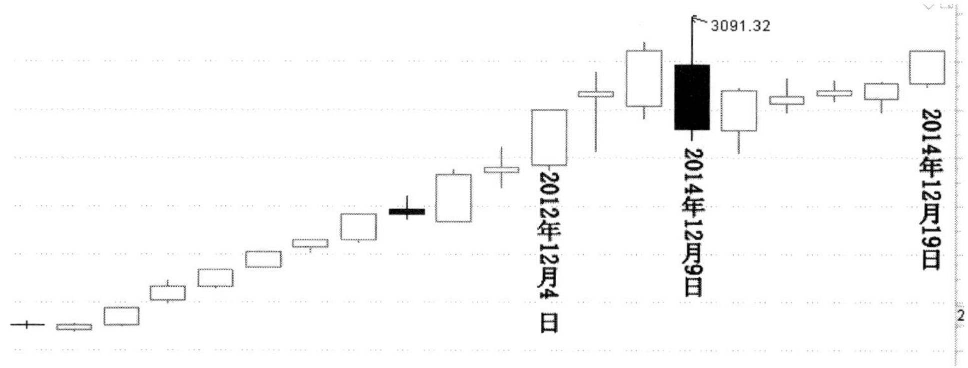

图 1－1 2014 年 11—12 月大盘走势图

两市融资融券交易总览　日期：2014-12-04　历史 »

信用交易日	融资余额（万元）	融资买入额（万元）	融券余量（万股）	融券卖出量（万股）	融资融券余额（万元）	余额差值（万元）	交易额差值（万元）	融资买入	融资卖出
2014-12-04	79, 408, 982. 85	15, 404, 474. 95	38, 955. 00	118, 303. 63	79, 894, 344. 77	78, 939, 838. 41	14, 087, 209. 35	842只	739只

两市融资融券交易总览　日期：2014-12-09　历史 »

信用交易日	融资余额（万元）	融资买入额（万元）	融券余量（万股）	融券卖出量（万股）	融资融券余额（万元）	余额差值（万元）	交易额差值（万元）	融资买入	融资卖出
2014-12-09	84, 041, 910. 44	18, 014, 471. 57	36, 639. 80	131, 943. 12	84, 490, 416. 64	83, 606, 003. 65	16, 415, 962. 57	839只	757只

两市融资融券交易总览　日期：2014-12-19　历史 »

信用交易日	融资余额（万元）	融资买入额（万元）	融券余量（万股）	融券卖出量（万股）	融资融券余额（万元）	余额差值（万元）	交易额差值（万元）	融资买入	融资卖出
2014-12-19	59, 647, 886. 51	8, 542, 406. 46	26, 449. 26	98, 584. 16	59, 962, 690. 54	59, 340, 906. 07	7, 267, 489. 53	467只	421只

图 1－2　2014 年 12 月初融资融券的交易额和差值图

从 2014 年 12 月初的融资融券的交易额和差值我们可以看出，在大盘从 2500 点上涨到 3000 点的过程中，市场一直没有进行有效的调整。融券卖出的积极性还是比较高的。但经过 12 月 9 日后的杀跌，市场进行了一定的调整，不管是从数量还是金额都有所减缓。

所以，从融资融券的金额比较图，我们也可以看出大盘未来走势的一些端倪。

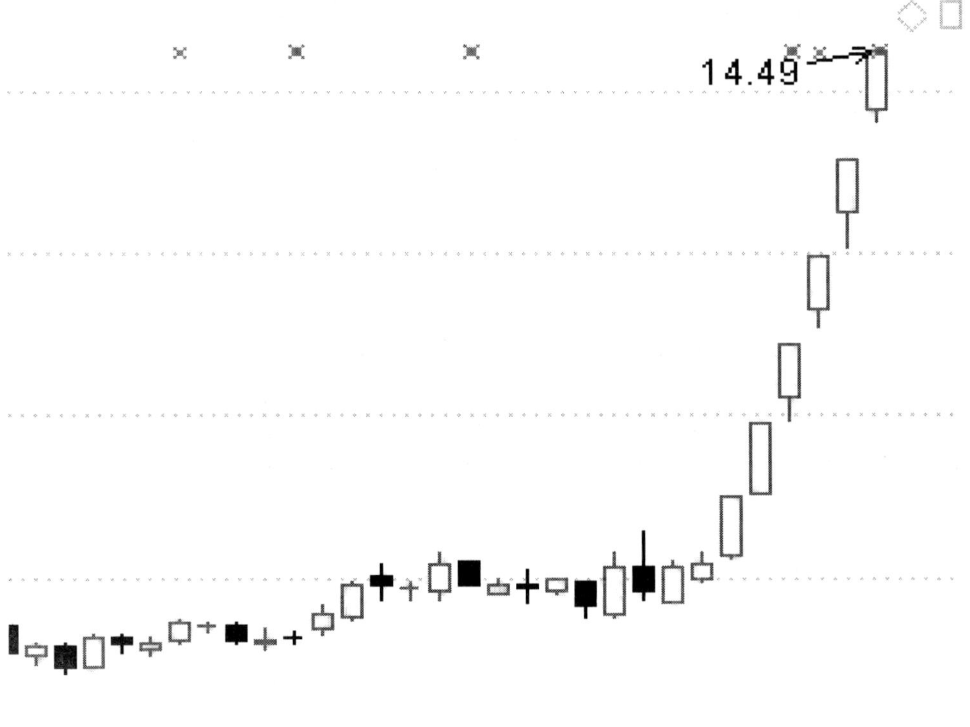

图 1－3　中铁二局日线图

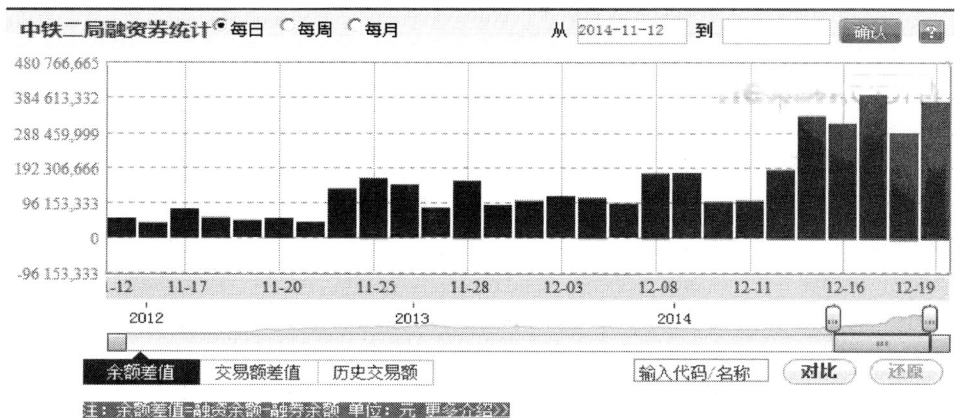

图 1－4　中铁二局融资融券统计图

中铁二局融资融券历史交易

注：点击表头可排序　全部融资融券交易

2014年12月　2014年11月　2014年10月　2014年09月　2014年08月　2014年07月　余额差值：>0　<=0　交易额差值比：>= 1.00　筛选

日期	融资余额（万元）	融资买入额		融资偿还额（万元）	融券余量（万股）	融券卖出量		融券偿还量（万股）	融资融券余额（万元）	余额差值（万元）	交易额差值比率（倍）
		数值（万元）	占市值%			数值（万股）	占股本%				
2014-12-19	86,534.49	37,141.33	17.60	29,082.02	37.84	53.88	0.40	53.89	87,082.79	85,986.19	0.2403
2014-12-18	78,475.19	28,555.92	14.90	30,778.42	37.85	72.40	0.50	63.58	78,973.67	77,976.70	0.0727
2014-12-17	80,637.43	39,109.99	22.40	36,497.39	29.03	66.78	0.50	70.68	80,984.92	80,289.94	0.9254
2014-12-16	78,024.84	31,113.32	19.60	30,644.46	32.93	64.22	0.40	62.35	78,383.11	77,666.56	0.7622
2014-12-15	77,555.96	33,243.89	23.00	22,405.33	31.06	68.72	0.50	68.88	77,863.16	77,248.80	1.3082
2014-12-12	66,717.42	18,391.29	14.00	12,858.33	31.22	77.94	0.50	71.29	66,998.09	66,436.75	0.4268
2014-12-11	61,440.77	9,910.64	8.30	11,159.40	26.47	28.40	0.20	27.50	61,657.03	61,224.51	-0.2253
2014-12-10	62,669.53	9,652.04	8.10	9,731.18	25.57	63.25	0.40	63.41	62,897.16	62,481.90	-0.2901
2014-12-09	63,181.64	17,616.87	15.50	19,640.96	25.89	50.41	0.30	47.63	63,383.32	62,979.95	0.5172
2014-12-08	65,099.61	17,451.79	14.70	13,848.79	23.11	78.88	0.50	82.62	65,287.72	64,911.49	0.7280

图 1－5　中铁二局 2014 年 12 月份融资融券历史交易图

从 12 月份的融资融券的历史交易和余额差值图可以明显看出，投资者一致看好中铁二局的近期走势，所以它的余额差值呈现一路扩大的态势。

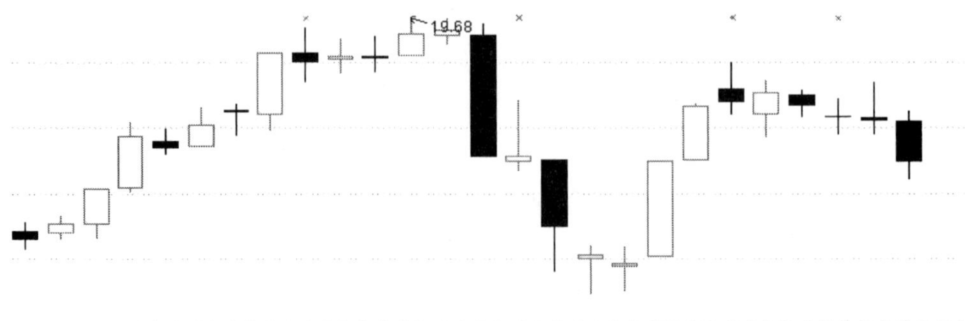

图 1－6　中鼎股份日线图

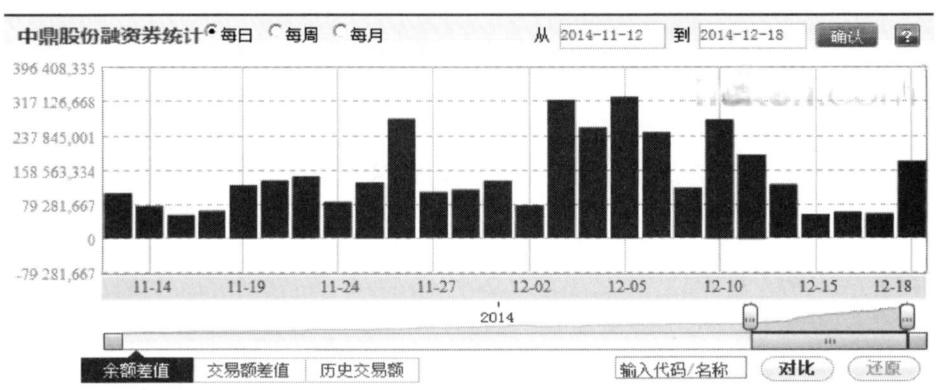

图 1－7　中鼎股份融资融券统计

日期	融资余额（万元）	融资买入额		融资偿还额（万元）	融券余量（万股）	融券卖出量		融券偿还量（万股）	融资融券余额（万元）	余额差值（万元）	交易额差值比率（倍）
		数值（万元）	占市值%			数值（万股）	占股本%				
2014-12-18	236,177.49	17,666.90	8.80	-	11.50	2.29	-	-	236,385.64	235,969.34	0.8433
2014-12-17	233,737.52	5,596.26	2.80	-	11.64	4.08	-	-	233,948.94	233,526.10	-0.6006
2014-12-16	236,671.71	5,984.99	2.90	-	12.14	0.94	-	-	236,894.12	236,449.07	-0.5998
2014-12-15	243,237.25	5,448.30	2.60	-	11.39	4.43	-	-	243,448.31	243,026.20	-0.7131
2014-12-12	246,628.96	12,362.72	6.00	-	11.20	4.56	-	-	246,834.92	246,422.99	-0.4592
2014-12-11	245,927.09	19,178.40	9.40	-	11.09	27.52	0.20	-	246,130.26	245,723.92	-0.2226
2014-12-10	241,506.68	27,316.06	14.00	-	10.60	26.88	0.20	-	241,692.18	241,321.18	0.0741

图 1－8　中鼎股份融资融券历史交易图

从 12 月份的融资融券的历史交易和余额差值图可以明显看出，融券卖出中鼎股份跟融资买入中鼎股份的交易额非常接近，这说明市场对这只股票走势的看法分歧很大。而中铁股份的走势图也证明了这一点。另外，我们也可以从中看出，因为有了融资融券的作用，中鼎股份并没有像中铁二局那样伴随着大盘的上涨而持续上涨，反而是出现了一定的调整。

结合大盘和个股融资融券的数据比较，可以看出，融资融券有一个放大的作用，会加剧大盘的波动性和震荡。对个股而言，它的作用也能够得到明显地体现，正因如此，笔者提醒，投资者在操作个股时，应当以融资融券的历史数据根据，总结出一些比较有效的判断标准：当融资融券的数额差距比较接近的时候，一定要提醒自己，因此这很可能是个股出现调整的信号。

第四节　新手能玩沪港通吗

很多新股民不参入沪港通交易，但沪港通开通对一些股票走势会产生很大影响。

沪港通是指上海证券交易所和香港联合交易所将允许两地投资者通过当地证券公司或经纪商买卖规定范围内的对方交易所上市的股票。沪港通初期，双方购股存在限制，尤其是内地客户购买香港股票存在选择限制以及门槛标准，香港证监会要求参与沪港股通的境内投资者仅限于机构投资者及证券账户及资金账户余额合计不低于人民币 50 万元的个人投资者。这些限制将小资金投资者挡在门外，但是对于中高级投资者来说是抢先进入市场的好机会。在这里要提醒广大新股民，我们不一定参入沪港通交易。在交易过程中，我们可能会选中在内地和香港同时上市公司的股票。以前没有开通沪港通时，同一家公司在内地和香港的股票价格差距不会对交易产生很大影响，而沪港通开通后，同一公司的股票价格波动关联性和互动性就会大大增强。这个必然要求我们关注沪港通。举个例子来说，2014 年 11 月至 2015 年 1 月，中国南车和中国北车在 A 股市场走出一波气势如虹的走势，在启动初期是否买入？持有到什么价格？以及关键阻力位在哪里？这些问题都是投资者尤其是新手股民需要面对的。而这两个股票在香港股市走势对回答这些问题是很有帮助的。下面我们以中国北车走势做一个简单分析。若投资者在 9 月份通过 A 股买入中国北车，这个时候就需要考虑以什么价格卖出。若这个时候，投资者能参考中国北车在香港的股票走势就可以大致判断这个股票这波行情高度。香港市场中国北车在 2015 年 1 月 5 日曾一度上试 12. 86 元港币，而此时 A 股市场价格才 7. 81 元。可见，投资者应该继续持有。保守预测这只股票这波行情可能在 12 元附近。若再考虑到牛市 A 股市场较 H 股有一定溢价，这只股票有可能会到 13 ～14 元。投资者卖出区间就很容易确定了。

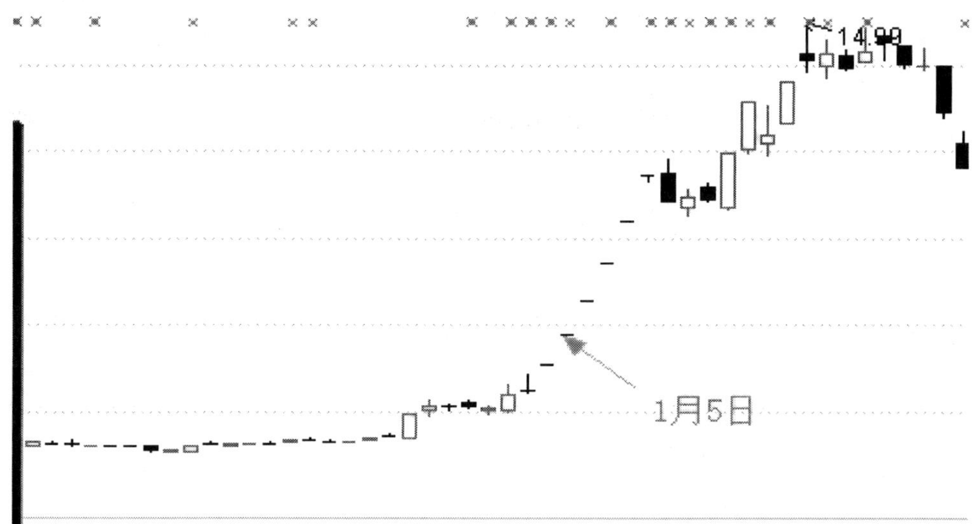

A 股市场　中国北车 2014 年 9 月—2015 年 1 月底日线走势图

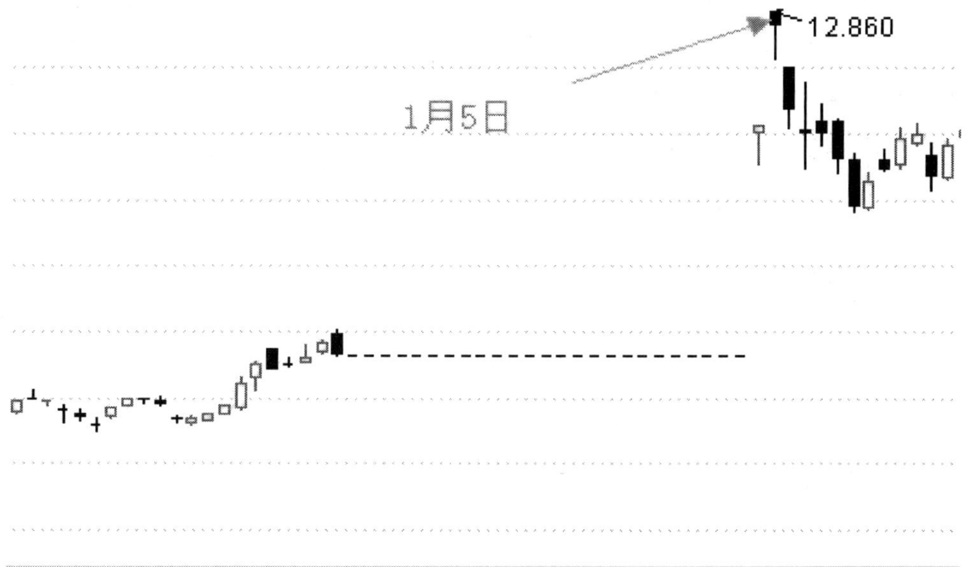

香港股市　中国北车 2014 年 9 月—2015 年 1 月日线走势图

看以前两个图走势，我们还能得到什么启示呢？中国北车在2015年1月5日创新历史新高12.86元港币后，就展开了调整。而A股市场中国北车并没有停下上涨脚步，而这个过程可能有投资者在半路追进去，这个时候同样需要考虑什么价格卖出合适。当A股市场中国北车一度逼近15元附近，在香港股市中国北车一直徘徊在10～11元价格。这个说明短期内A股市场中国北车有点过热，需要警惕。持有中国北车投资者应该考虑先平仓，等待回调再买入。沪港通开通后，这些在内地和香港股市上市公司的股票之间估值比较和互动会明显加强。因此，投资者必须去了解这些知识。

很多新手可能对哪些股票属于沪港通范畴还不清楚。下面表格中列举了沪港通所有股票的名单，新手可以多加留意。

沪港通股票名单

数目	股份编号	股份名称	数目	股份编号	股份名称
1	600000	浦发银行	2	600004	白云机场
3	600005	武钢股份	4	600007	中国国贸
5	600008	首创股份	6	600009	上海机场
7	600010	包钢股份	8	600011	华能国际
9	600012	皖通高速	10	600015	华夏银行
11	600016	民生银行	12	600017	日照港
13	600018	上港集团	14	600019	宝钢股份
15	600020	中原高速	16	600021	上海电力
17	600026	中海发展	18	600027	华电国际
19	600028	中国石化	20	600029	南方航空
21	600030	中信证券	22	600031	三一重工
23	600033	福建高速	24	600036	招商银行
25	600037	歌华有线	26	600038	哈飞股份
27	600039	四川路桥	28	600048	保利地产
29	600050	中国联通	30	600054	黄山旅游
31	600056	中国医药	32	600058	五矿发展
33	600059	古越龙山	34	600060	海信电器
35	600062	华润双鹤	36	600064	南京高科

续上表

数目	股份编号	股份名称	数目	股份编号	股份名称
37	600066	宇通客车	38	600067	冠城大通
39	600068	葛洲坝	40	600070	浙江富润
41	600073	上海默林	42	600078	澄星股份
43	600079	人福医药	44	600082	海泰发展
45	600085	同仁堂	46	600088	中视传媒
47	600089	特变电工	48	600094	大名城
49	600096	云天化	50	600097	开创国际
51	600098	广州发展	52	600100	同方股份
53	600101	明星电力	54	600104	上汽集团
55	600106	重庆路桥	56	600108	亚盛集团
57	600109	国金证券	58	600110	中科英华
59	600111	包钢稀土	60	600112	天成控股
61	600113	浙江东日	62	600114	东睦股份
63	600115	东方航空	64	600116	三峡水利
65	600118	中国卫星	66	600120	浙江东方
67	600121	郑州煤电	68	600122	宏图高科
69	600123	兰花科创	70	600125	铁龙物流
71	600131	岷江水电	72	600132	重庆啤酒
73	600135	乐凯胶片	74	600138	中青旅
75	600139	西部资源	76	600141	兴发集团
77	600143	金发科技	78	600150	中国船舶
79	600153	建发股份	80	600157	永泰能源
81	600158	中体产业	82	600160	巨化股份
83	600161	天坛生物	84	600162	香江控股
85	600166	福田汽车	86	600167	联美控股
87	600170	上海建工	88	600171	上海贝岭
89	600172	黄河旋风	90	600175	美都控股

续上表

数目	股份编号	股份名称	数目	股份编号	股份名称
91	600176	中国玻纤	92	600177	雅戈尔
93	600183	生益科技	94	600184	光电股份
95	600185	格力地产	96	600188	兖州煤业
97	600190	锦州港	98	600193	创兴资源
99	600195	中牧股份	100	600196	复星医药
101	600197	伊力特	102	600199	金种子酒
103	600200	江苏吴中	104	600201	金宇集团
105	600208	新湖中宝	106	600210	紫江企业
107	600216	浙江医药	108	600219	南山铝业
109	600221	海南航空	110	600227	赤天化
111	600230	沧州大化	112	600236	桂冠电力
113	600238	海南椰岛	114	600239	云南城投
115	600240	华业地产	116	600246	万通地产
117	600248	延长化建	118	600249	两面针
119	600251	冠农股份	120	600252	中恒集团
121	600256	广汇能源	122	600257	大湖股份
123	600258	首旅酒店	124	600259	广晟有色
125	600260	凯乐科技	126	600261	阳光照明
127	600262	北方股份	128	600266	北京城建
129	600267	海正药业	130	600268	国电南自
131	600269	赣粤高速	132	600270	外运发展
133	600271	航天信息	134	600276	恒瑞医药
135	600277	亿利能源	136	600278	东方创业
137	600280	中央商场	138	600284	浦东建设
139	600285	羚锐制药	140	600287	江苏舜天
141	600289	亿阳信通	142	600292	中电远达
143	600295	鄂尔多斯	144	600298	安琪酵母

续上表

数目	股份编号	股份名称	数目	股份编号	股份名称
145	600300	维维股份	146	600307	酒钢宏兴
147	600308	华泰股份	148	600309	万华化学
149	600310	桂东电力	150	600312	平高电气
151	600315	上海家化	152	600316	洪都航空
153	600317	营口港	154	600318	巢东股份
155	600321	国栋建设	156	600322	天房发展
157	600323	瀚蓝环境	158	600325	华发股份
159	600327	大东方	160	600329	中新药业
161	600332	白云山	162	600333	长春燃气
163	600335	国机汽车	164	600337	美克股份
165	600340	华夏幸福	166	600343	航天动力
167	600345	长江通信	168	600348	阳泉煤业
169	600350	山东高速	170	600351	亚宝药业
171	600352	浙江龙盛	172	600353	旭光股份
173	600362	江西铜业	174	600363	联创光电
175	600366	宁波韵升	176	600367	红星发展
177	600368	五洲交通	178	600369	西南证券
179	600371	万向德农	180	600372	中航电子
181	600373	中文传媒	182	600375	华菱星马
183	600376	首开股份	184	600377	宁沪高速
185	600378	天科股份	186	600380	健康元
187	600382	广东明珠	188	600383	金地集团
189	600386	北巴传媒	190	600387	海越股份
191	600388	龙净环保	192	600389	江山股份
193	600391	成发科技	194	600395	盘江股份
195	600396	金山股份	196	600397	安源煤业
197	600403	大有能源	198	600406	国电南瑞

续上表

数目	股份编号	股份名称	数目	股份编号	股份名称
199	600409	三友化工	200	600410	华胜天成
201	600415	小商品城	202	600418	江淮汽车
203	600420	现代制药	204	600422	昆明制药
205	600425	青松建化	206	600426	华鲁恒升
207	600428	中远航运	208	600432	吉恩镍业
209	600433	冠豪高新	210	600435	北方导航
211	600436	片仔癀	212	600438	通威股份
213	600439	瑞贝卡	214	600446	金证股份
215	600449	宁夏建材	216	600458	时代新材
217	600459	贵研铂业	218	600460	士兰微
219	600467	好当家	220	600468	百利电气
221	600469	风神股份	222	600470	六国化工
223	600475	华光股份	224	600478	科力远
225	600479	千金药业	226	600480	凌云股份
227	600481	双良节能	228	600482	风帆股份
229	600486	扬农化工	230	600487	亨通光电
231	600488	天药股份	232	600489	中金黄金
233	600491	龙元建设	234	600495	晋西车轴
235	600496	精工钢构	236	600497	驰宏锌锗
237	600498	烽火通信	238	600499	科达机电
239	600500	中化国际	240	600501	航天晨光
241	600502	安徽水利	242	600503	华丽家族
243	600507	方大特钢	244	600508	上海能源
245	600509	天富热电	246	600510	黑牡丹
247	600511	国药股份	248	600513	联环药业
249	600516	方大炭素	250	600517	置信电气
251	600518	康美药业	252	600519	贵州茅台

续上表

数目	股份编号	股份名称	数目	股份编号	股份名称
253	600521	华海药业	254	600522	中天科技
255	600523	贵航股份	256	600525	长园集团
257	600526	菲达环保	258	600527	江南高纤
259	600528	中铁二局	260	600531	豫光金铅
261	600535	天士力	262	600536	中国软件
263	600545	新疆城建	264	600546	山煤国际
265	600547	山东黄金	266	600548	深高速
267	600549	厦门钨业	268	600551	时代出版
269	600552	方兴科技	270	600557	康缘药业
271	600559	老白干酒	272	600560	金自天正
273	600561	江西长运	274	600563	法拉电子
275	600565	迪马股份	276	600567	山鹰纸业
277	600568	中珠控股	278	600570	恒生电子
279	600571	信雅达	280	600572	康恩贝
281	600575	芜湖港	282	600577	精达股份
283	600578	京能电力	284	600580	卧龙电气
285	600581	八一钢铁	286	600582	天地科技
287	600583	海油工程	288	600584	长电科技
289	600585	海螺水泥	290	600586	金晶科技
291	600587	新华医疗	292	600588	用友软件
293	600589	广东榕泰	294	600594	益佰制药
295	600595	中孚实业	296	600596	新安股份
297	600597	光明乳业	298	600600	青岛啤酒
299	600611	大众交通	300	600612	老凤祥
301	600614	鼎立股份	302	600616	金枫酒业
303	600618	氯碱化工	304	600620	天宸股份
305	600622	嘉宝集团	306	600623	双钱股份

续上表

数目	股份编号	股份名称	数目	股份编号	股份名称
307	600624	复旦复华	308	600626	申达股份
309	600628	新世界	310	600633	浙报传媒
311	600635	大众公用	312	600636	三爱富
313	600637	百视通	314	600638	新黄浦
315	600639	浦东金桥	316	600642	申能股份
317	600643	爱建股份	318	600644	乐山电力
319	600648	外高桥	320	600649	城投控股
321	600651	飞乐音响	322	600654	飞乐股份
323	600655	豫园商城	324	600657	信达地产
325	600658	电子城	326	600660	福耀玻璃
327	600662	琼森控股	328	600663	陆家嘴
329	600664	哈药股份	330	600666	西南药业
331	600667	太极实业	332	600668	尖峰集团
333	600673	东阳光铝	334	600674	川投能源
335	600675	中华企业	336	600676	交运股份
337	600677	航天通信	338	600682	南京新百
339	600683	京投银泰	340	600684	珠江实业
341	600685	广船国际	342	600686	金龙汽车
343	600687	刚泰控股	344	600688	上海石化
345	600690	青岛海尔	346	600694	大商股份
347	600697	欧亚集团	348	600702	沱牌舍得
349	600703	三安光电	350	600704	物产中大
351	600705	中航投资	352	600708	海博股份
353	600712	南宁百货	354	600717	天津港
355	600718	东软集团	356	600720	祁连山
357	600723	首商股份	358	600724	宁波富达
359	600729	重庆百货	360	600736	苏州高新

续上表

数目	股份编号	股份名称	数目	股份编号	股份名称
361	600739	辽宁成大	362	600741	华域汽车
363	600742	一汽富维	364	600743	华远地产
365	600747	大连控股	366	600748	上实发展
367	600750	江中药业	368	600754	锦江股份
369	600755	厦门国贸	370	600756	浪潮软件
371	600759	正和股份	372	600761	安徽合力
373	600765	中航重机	374	600770	综艺股份
375	600773	西藏城投	376	600775	南京熊猫
377	600776	东方通信	378	600778	友好集团
379	600780	通宝能源	380	600783	鲁信创投
381	600784	鲁银投资	382	600785	新华百货
383	600787	中储股份	384	600790	轻纺城
385	600794	保税科技	386	600795	国电电力
387	600801	华新水泥	388	600804	鹏博士
389	600805	悦达投资	390	600806	昆明机床
391	600808	马钢股份	392	600809	山西汾酒
393	600811	东方集团	394	600815	厦工股份
395	600816	安信信托	396	600820	隧道股份
397	600823	世茂股份	398	600824	益民集团
399	600825	新华传媒	400	600826	兰生股份
401	600827	友谊股份	402	600828	成商集团
403	600829	三精制药	404	600830	香溢融通
405	600831	广电网络	406	600832	东方明珠
407	600833	第一医药	408	600835	上海机电
409	600837	海通证券	410	600839	四川长虹
411	600845	宝信软件	412	600846	同济科技
413	600850	华东计算机	414	600858	银座股份

续上表

数目	股份编号	股份名称	数目	股份编号	股份名称
415	600859	王府井	416	600863	内蒙华电
417	600864	哈投股份	418	600867	通化东宝
419	600869	远东电缆	420	600872	中炬高新
421	600873	梅花生物	422	600874	创业环保
423	600875	东方电气	424	600876	洛阳玻璃
425	600879	航天电子	426	600880	博瑞传播
427	600881	亚泰集团	428	600882	华联矿业
429	600884	杉杉股份	430	600886	国投电力
431	600887	伊利股份	432	600888	新疆众和
433	600893	航空动力	434	600895	张江高科
435	600897	厦门空港	436	600900	长江电力
437	600963	岳阳林纸	438	600967	北方创业
439	600970	中材国际	440	600971	恒源煤电
441	600975	新五丰	442	600976	武汉健民
443	600978	宜华木业	444	600979	广安爱众
445	600983	合肥三洋	446	600987	航民股份
447	600990	四创电子	448	600993	马应龙
449	600995	文山电力	450	600997	开滦股份
451	600998	九州岛岛通	452	600999	招商证券
453	601000	唐山港	454	601001	大同煤业
455	601005	重庆钢铁	456	601006	大秦铁路
457	601009	南京银行	458	601010	文峰股份
459	601011	宝泰隆	460	601018	宁波港
461	601038	一拖股份	462	601058	赛轮股份
463	601088	中国神华	464	601098	中南传媒
465	601099	太平洋	466	601100	恒立油缸
467	601101	昊华能源	468	601106	中国一重

续上表

数目	股份编号	股份名称	数目	股份编号	股份名称
469	601107	四川成渝	470	601111	中国国航
471	601113	华鼎股份	472	601117	中国化学
473	601118	海南橡胶	474	601126	四方股份
475	601137	博威合金	476	601139	深圳燃气
477	601158	重庆水务	478	601166	兴业银行
479	601168	西部矿业	480	601169	北京银行
481	601179	中国西电	482	601186	中国铁建
483	601208	东材科技	484	601216	内蒙君正
485	601222	林洋电子	486	601231	环旭电子
487	601233	桐昆股份	488	601238	广汽集团
489	601258	庞大集团	490	601288	农业银行
491	601299	中国北车	492	601311	骆驼股份
493	601313	江南嘉捷	494	601318	中国平安
495	601328	交通银行	496	601333	广深铁路
497	601336	新华保险	498	601369	陕鼓动力
499	601377	兴业证券	500	601388	怡球资源
501	601390	中国中铁	502	601398	工商银行
503	601515	东风股份	504	601518	吉林高速
505	601555	东吴证券	506	601566	九牧王
507	601567	三星电气	508	601588	北辰实业
509	601600	中国铝业	510	601601	中国太保
511	601607	上海医药	512	601608	中信重工
513	601618	中国中冶	514	601628	中国人寿
515	601633	长城汽车	516	601636	旗滨集团
517	601666	平煤股份	518	601668	中国建筑
519	601669	中国电建	520	601678	滨化股份
521	601688	华泰证券	522	601699	潞安环能

续上表

数目	股份编号	股份名称	数目	股份编号	股份名称
523	601700	风范股份	524	601717	郑煤机
525	601718	际华集团	526	601727	上海电气
527	601766	中国南车	528	601777	力帆股份
529	601789	宁波建工	530	601800	中国交建
531	601801	皖新传媒	532	601808	中海油服
533	601818	光大银行	534	601857	中国石油
535	601866	中海集运	536	601872	招商轮船
537	601877	正泰电器	538	601880	大连港
539	601886	江河创建	540	601888	中国国旅
541	601890	亚星锚链	542	601898	中煤能源
543	601899	紫金矿业	544	601901	方正证券
545	601908	京运通	546	601918	国投新集
547	601919	中国远洋	548	601928	凤凰传媒
549	601929	吉视传媒	550	601933	永辉超市
551	601939	建设银行	552	601958	金钼股份
553	601965	中国汽研	554	601988	中国银行
555	601989	中国重工	556	601991	大唐发电
557	601992	金隅股份	558	601996	丰林集团
559	601998	中信银行	560	603000	人民网
561	603001	奥康国际	562	603077	和邦股份
563	603128	华贸物流	564	603167	渤海轮渡
565	603366	日出东方	566	603399	新华龙
567	603766	隆鑫通用	568	603993	洛阳钼业

第五节 什么是 ETF 和指数基金

首先了解何谓 ETF？ETF 是 Exchange Traded Fund 的英文缩写，中译为“交易型开放式指数基金”，又称交易所交易基金。是一种在交易所上市交易的、基金份额可变的一种开放式基金。

交易型开放式指数基金属于开放式基金的一种特殊类型，它结合了封闭式基金和开放式基金的运作特点，投资者既可以向基金管理公司申购或赎回基金份额。同时，又可以像封闭式基金一样在二级市场上按市场价格买卖 ETF 份额。不过，申购赎回必须以一揽子股票换取基金份额或者以基金份额换回一揽子股票。由于同时存在证券市场交易和申购赎回机制，投资者可以在 ETF 市场价格与基金单位净值之间存在差价时进行套利交易。套利机制的存在，使得 ETF 避免了封闭式基金普遍存在的折价问题。根据投资方法的不同，ETF 可以分为指数基金和积极管理型基金，国外绝大多数 ETF 是指数基金。目前国内推出的 ETF 也是指数基金。ETF 指数基金代表一揽子股票的所有权，是指像股票一样在证券交易所交易的指数基金，其交易价格、基金份额净值走势与所跟踪的指数基本一致。因此，投资者买卖一只 ETF，就等同于买卖了它所跟踪的指数，可取得与该指数基本一致的收益。通常采用完全被动式的管理方法，以拟合某一指数为目标，兼具股票和指数基金的特色。

一、指数基金

接下来我们再了解指数基金。指数基金（Index Fund）是一种以拟合目标指数、跟踪目标指数变化为原则，实现与市场同步成长的基金品种。

指数基金的操作，是按所选定指数（上证指数、沪深 300 指数、中证 100 指数等）的成分股在指数所占的比重，选择同样的资产配置模式投资，力求股票组合的收益率拟合该目标指数所代表的资本市场的平均收益率。理论上来讲，指数基金的运作方法简单，只要根据每一种证券在指数中所占的比例购买相应比例的证券，长期持有即可。

对于纯粹的被动管理式指数基金，基金周转率及交易费用都比较低，管理费也趋于最小。这种基金不会对某些特定的证券或行业投入过量资金，一般会保持全额投资而不进行市场投机。当然，不是所有的指数基金都严格符合这些特点，不同具有指数性质的基金也会采取不同的投资策略。

二、指数基金有哪些特点

第一，它是以获得与市场指数收益相同的回报为投资目标。

第二，它按照指数构成的一揽子股票的品种和比例来构建组合，即采取所谓的“复制”指数的办法。

第三，它一般实行购买并持有的方式，除了跟随指数进行样本变更之外，不轻易调整组合。总的来说，其采用的是一种被动式的投资方式。

三、指数基金有哪些分类

（一）指数基金按复制方式可分为

1. 完全复制型指数基金：力求按照基准指数的成分和权重进行配置，以最大限度地减小跟踪误差为目标。属于完全意义上的指数基金。

2. 增强型指数基金：在将大部分资产按照基准指数权重配置的基础上，也用一部分资产进行积极的投资。其目标为在紧密跟踪基准指数的同时获得高于基准指数的收益。

增强型指数基金在跟踪指数的同时也加入了积极投资的成分以期战胜市场，在提高收益预期的同时，也在一定程度上增加了风险与成本。

（二）指数基金按交易机制可分为

1. 封闭式指数基金：可以在二级市场交易，但是不能申购和赎回。

2. 开放式指数基金：它不能在二级市场交易，但可以向基金公司申购和赎回。

3. 指数型 ETF：可以在二级市场交易，也可以申购、赎回，但申购、赎回必须采用组合证券的形式。

4. 指数型 LOF：既可以在二级市场交易，也可以申购、赎回。

（三）指数基金按所跟踪指数对应的资产类型或投资区域可分为

例如，在美国根据所跟踪指数涉及的资产类别不同可以将指数基金分成股票指数基金、债券指数基金、不动产指数基金等；又如股票指数基金可以根据投资区域的不同进行划分，如美国标准普尔 500 指数基金、英国金融时报 100 指数基金、日本日经指数基金等。

目前的指数基金以股票基金为主，根据基金所跟踪的股价指数的特点可以进一步细分为以下几种类型：

1. 综合型的指数基金。综合型指数基金是目前市场中见得最多，也最为典型的指数基金，其以市场中某一反映全市场状况的综合型指数作为跟踪标的，如上证指数、深证成指、沪深300指数、上证180指数、深证100指数以及国际上著名的道琼斯工业平均数、标准普尔指数等，都属于综合型的指数。由于这些综合型的指数反映的是整个市场的平均收益，不仅具有非常强的市场代表性，也充分分散了个股的风险，所以这类综合型指数基金也就成了指数基金的主流品种。

2. 按照板块分类的局部型指数基金。这一类的指数基金以反映市场中某一板块的指数作为跟踪对象，其中最常见的是按上市公司的规模分类的指数，以及其所对应的基金，也就是大盘股指数基金、中盘股指数基金和小盘股指数基金。另外还有一种较为常见的是按投资目标进行区分的指数基金：按投资目标的风格类型进行划分，可以将股票分为价值型股票或成长型股票，于是也就有了价值型指数基金与成长型指数基金。

3. 行业指数基金。某些股价指数可以是描述某一特定行业上市公司股价的变化情况，由此就产生了各种类型的行业指数，以这些行业指数作为跟踪目标的指数基金就是行业指数基金。

4. 混合型指数基金。这一类的基金是上述几种类型的组合，也就是将上述的行业或板块进行复合后作为标的指数的指数基金。

依据对两个概念介绍，我们可以发现从根本上来讲，ETF也是指数型基金，只是其交易方式的设计与传统指数基金有所不同，ETF的份额体现为一揽子股票，简单地说，就是你买ETF的时候，实质上是间接购买相应的股票组合。这导致ETF与传统指数基金有一个重大差别，就是整个基金资产其实100%投入股票中，而传统指数基金会预留现金以备投资者赎回，这样的话ETF就比传统指数基金的涨跌更接近指数本身。

具体而言主要有以下不同：

1. 交易地点不同。除华夏中小板ETF可在场内、场外交易外，其他ETF基金只能在场内交易；而传统指数基金一般在场外交易。

2. 交易方式不同。ETF的交易方式和股票一样，根据供求关系，以适时撮合价交易，价格在交易日的不同交易时间是不同的；而传统指数基金申购和赎回是按未知价原则，以净值为价格进行交易，每天只有一个净值。

3. 交易费用不同。ETF 基金场内买入或卖出单向交易费率最高不超过 0.3%；而传统指数基金申购时需支付 1% 左右手续费，赎回时需支付 0.5% 左右手续费。

4. 支付管理费用不同。ETF 基金的管理费率大约为 0.3%～0.5%；而传统指数基金每年需支付约 1.5% 管理费。

5. 到账时间不同。ETF 基金场内购买后 T+1 个工作日可卖出，资金 T+1 个工作日到账；而传统指数基金申购后 T+2 个工作日才能赎回，资金 T+5 个工作日到账。

6. 分红方式不同。ETF 基金场内的分红方式只有现金分红；而传统指数基金的分红方式有现金分红和红利再投资两种分红方式。

7. 办理定投不同。ETF 基金不能办理基金定投；而普通指数基金可以办理基金定投。

8. 管理方式不同。ETF 属于被动式管理，ETF 管理人不会主动选股，指数的成分股就是 ETF 持股对象；而传统股票型基金则多属于主动式管理，一般持股的 90% 都是目标指数的样本股，基金经理会通过相对积极操作，达到基金报酬率超越目标指数的目的。

第六节　股票期权

这是一个新品种，很多投资者对基本概率不是很清楚。要了解股票期权就先要了解什么是期权。

所谓期权，是指赋予其购买方在规定期限按买卖双方约定的价格（成为行权价格）购买或出售一定数量某种资产（称为标的资产）的权利的合约。期权购买方为了获得这个权利，必须支付给期权卖方一定的费用称为权利金，卖方则是必须满足买方行使权利的义务人。

按照期权的权利划分，期权可以分为认购期权和认沽期权。认购期权又可分为买入认购期权和卖出认购期权；认沽期权分为买入认沽期权和卖出认沽期权。

其中，买入认购期权（即认购期权的买方）是指支付一笔权利金，获得了未来以约定的价格买入一只股票的权利。认购期权的买方拥有买的权利，可以买也可以不买。如果股价上涨，超出行权价，买方行权，则股票涨得越多，赚得越多；如果股价下跌，低于行权价格，买方可放弃行权，最大损失为全部的期权权利金。

买入认沽期权（即认沽期权的买方）是指支付一笔权利金，获得了在未来以约定的价格卖出一只股票的权利。认沽期权的买方拥有的是卖的权利，可以执行也可不执行。买入股票认沽期权的理由是有机会获得高收益，如果股票下跌低于行权价，买方行权，则股票跌得越多，赚得也越多；如果股价上涨高于行权价格，最大损失为全部的期权权利金。

按期权执行时限划分，期权可分为欧式期权和美式期权。美式期权合约规定，在期权有效期内任何时候都可以行权。欧式期权是指在期权合约规定的到期日方可行权，期权的买方在合约到期日之前不能行权。上交所股票期权采用欧式行权（一定要在到期日才能行权）和实物交割方式。期权合约的到期日为到期月份的第 4 个星期三，若该日为国家法定节假日、上交所休市日的，顺延至下一个交易日。期权合约的最后交易日和行权日，与到期日是同一天。

解释完什么是期权，我们现在来了解什么是股票期权。

股票期权交易是指期权交易的买方与卖方经过协商之后以支付一定的期权费为代价，取得一种在一定期限内按协定价格购买或出售一定数额股票的权利，超过期限，合约义务自动解除。股票期权交易时间与股票交易时间基本一致，这样安排是为了防止市场受到操纵。与股票的竞价原则一致，体现价格优先、时间优先这样的原则。交易方式总共6种，即买入开仓、买入平仓、卖出开仓、卖出平仓（期货交易也同样有这四种交易类型），以及备兑开仓、备兑平仓（这两种属于新增，需要特别注意，投资者提前锁定足额投资标的、作为将来行权所支付的证券的交易行为，这种交易行为的特点是风险很小，个人和机构投资者都可用）。

基本交易技巧：

以50ETF为标的的期权交易为例。首先，投资者可以考虑先买入认沽期权合约，在标的回调后的低点将认沽期权合约平仓并买入认购期权合约。这种策略投机性较强，较适合选择买入平值或略微虚值的合约。当月合约所需的投资成本较低，标的回调后如果迅速反弹，投资者获得的收益率也较高，但如果标的出现较长时间的横盘整理，则将为投资者带来损失。

其次，投资者可以考虑买入50ETF的跨式或勒式组合。如果认为当前市场仍处于强上行趋势中，提前离场可能会损失掉回调前最后一波上涨带来的可观收益，同时也担心标的下跌为自己带来损失，这种情况下投资者可以考虑买入跨式或勒式组合。

再次，投资者可以考虑先卖出50ETF的认购期权，待标的价格下跌后，将认购期权义务方合约平仓并改卖50ETF的认沽期权。这种操作方式的逻辑与第一条相近，但是风险更大。其优势在于，在限仓的前提下可以更大程度地使用资金，在对行情判断正确的前提下可以为总账户带来更高的收益。

此外，ETF期权的出现可以丰富场内基金的投资策略，策略主要包括两类：场内基金+期权对冲策略；场内基金+期权增强策略。

所谓场内基金+期货对冲策略，是指在投资现货时，可以同时买入认沽期权，当市场下跌时，投资者的亏损是有限的，而上涨的收益是无限的。

所谓场内基金+期权增强策略，是指ETF期权推出后，不仅可以通过对标的市场走势的判断来盈利，也可以通过对波动率的判断盈利。场内基金的投资者可以通过对市场走势和波动率的判断，利用期权组合来达到增强收益的目的。例如，当投资者小幅看涨后市时，可以买入一个低行权价格的认购期权，同时卖出一个高行权价格的认购期权。投资者的最大亏损是净权利金，最大盈利是两个行权价之差——净权利金。这样的组合，可在控制下跌风险的情况下，通过卖出期权增强收益的效果。

具体操作建议：

一、初期普通投资者交易以看涨期权为宜。长期以来，A 股的单向交易使得市场参与者养成了根深蒂固的“看多”思维，绝大部分时候，只有“看多”才能赚钱。这种思维短期内也必将带入期权市场；50ETF 的主要标的金融股仍是目前市场主流热点，上涨动能并未衰竭，做空的风险相对较大。

二、套利机会：鉴于目前 ETF 市场份额有限，杠杆品种稀缺，上市初期将受到市场热捧，期权将有溢价。因此期权套利空间较大，若看涨期权价格，看跌期权价格大于相对应数量 ETF 价格，则存在套利空间，买入现货 50ETF，备兑卖出看涨期权，买入看空期权，当价差缩窄时平仓可获得套利收益。对于持有 ETF 现货的投资者，可以备兑卖出看涨期权，获得价格溢价。上市初期市场波动会加剧，但波动方向存在分歧，可以构建买入 Call + 买入 Put 的跨式期权组合，在市场大幅上涨或大幅下跌时均获得收益。

第二章　新股民交易须知

第一节　炒股是不是赌博

著名经济学家吴敬琏曾说过一句话，“中国股市是赌场”，这话一出口便引起轩然大波，引发了股市与赌场的种种比较与争论。

其实，在很多对股票市场完全不了解的人眼中，炒股就如同赌博一样。这一点我们可以听到很多“门外汉”的评论，“炒股”不就是赌博吗？有人赚就有人亏。这种观点简单粗暴，而支持他们的主要论据有：

（一）股票市场和赌博一样，都是随机漫步

“随机漫步”理论认为，证券价格的波动都是随机的。就像广场上的人流一般，谁也无法判断每个人的方向。而且在证券市场中，价格的波动受多方因素的影响，一件毫不起眼的小事也能对市场产生巨大的影响（蝴蝶效应），且这种影响是无法预测时间和程度的。

而赌博更是一种随机漫步。因为赌博完全是一种运气的博弈，在没有作弊的情况下，每个人面临的成败率都是一样的。几粒骰子、几张扑克牌就能够决定一个人的输赢。而且赌博是一种日日翻新的行为，当中丝毫没有连贯性，想从赌博中寻找出未来的趋势是不可能的。

因此，从随机角度来说，股市和赌场一样，都是不可预测的。

（二）股票市场和赌博一样，都是零和博弈

零和博弈（zero-sum game），又称“零和游戏”，与“非零和博弈”相对，是博弈论的一个概念，属非合作博弈。指参与博弈的各方，在严格竞争下，一方的收益必然意味着另一方的损失，博弈各方的收益和损失相加总和永远为“零”。也就是说，在博弈过程中，总的博弈筹码不会增加也不会减少，只会进行再分配。

在赌博中，每一位赌客实际上都是在拿自己手中的钱做“零和博弈”，有人赚了就一定意味着有人输了。

有的人以此认为，股市也是一场“零和博弈”，是输家与赢家并存的战场。因此也像是一场赌博。

以上两个论点是误导人们将“赌场与股市”同等看待的主要原因。下面，我们对其一一进行驳斥。

第一，股市并不是在随机漫步。也就是说，股市并非是一种完全依靠运气的投机市场。我们都知道，股市当中存在着很多技术分析，存在很多可以确定的因素。比如说上市公司的性质不同，其股票的价值也不同，价格的波动性也存在区别。而且很多时候，其行情都是有规律可循的。

第二，股市并非完全就是零和博弈。相对于赌博来说，中长期股市其实是正和游戏。伴随着整个国家经济的发展，上市公司的经济也会得以发展，优质上市公司的高分红、高送配、高成长会给投资者带来更多的价值。而这也是巴菲特价值投资的精髓。当然，如果是就短期而言，股市的成长性并不能得到很快地体现，这时，抱着“捞一笔走人”想法的人就会将股市当成赌场。

认清了股票的交易本质后，我们可以判断在这种情况下，有两类人是更容易获利的。一是可以制造或者影响整个游戏规则的人。任何游戏都有规则，炒股也不例外。在股市中，庄家（即主力资金）能够影响到股票涨跌，所以获利的可能性最大。二是熟悉游戏规则并能够熟练各种技巧的人。这类人在资金上可能并不具备优势，但在操作上比一般人更为熟练，对行情的把握也更加合理。

其实，股市与赌博还有一个最大的区别在于其趋势性。而趋势跟踪也就成为股市操作的独特技巧。赌博场都在不停地开场，如果是比大小的话，那么每一次赢的概率都是50%。即使偶尔运气来了，体现出了一定的联系性，那也是相对比较少见的。而股市则不同，在短期内而言，由于市场规则的原因，上一根K线和下一根K线之间往往会体现出一点的资金逻辑，这种逻辑就使得它们具备一定的联系性。样本多了之后，我们就可以从图形上发现它的趋势性，相较于赌博，这种趋势性要强烈得多。

而就中长期而言，赌场与股市的差别也是很大的。每一只股票的背后都是一家企业，它是有实质价值支持的。比如在期货市场中，每一个合约的背后是仓库中的贵重金属或者农产品；在外汇市场中，每一种货币背后是一个国家的经济。这也就意味着，这些投资是具备一定价值支撑的，不是一种单纯运气上的博弈，因此，它们的价格走势一般都具备连贯性，也具有一定的趋势性。

我们都知道，市场中的外在因素一般只有两个——价格和时间。价格沿着时间轴变化，短期的价格是无序的微笑的波动，而长期的价格则表现出一种趋势变化。因此，长期的上涨趋势出现时，每一次下跌幅度都是短暂而有限的，长期的下跌趋势出现时，每一次的上涨幅度也都是短暂而有限的。因此，利用趋势跟踪来操作股市也是完全有可能的。而这一点在赌场中是无法操作的。

其实，很多人将炒股比作赌博的原因都很简单，那就是他们讲股票市场太过简单化，单纯地认为股票市场就是比大比小的市场。按照这种理解方式，任何一种投资行为都可以被说成是赌博。比如说期货、基金甚至是存款、创业。因为它们与赌博一样，都存在着“失利”的风险。只不过风险有大有小而已。因此，我们不必纠结于炒股是不是赌博这个问题，只需要正确认识炒股带来的风险性就足够了。如果觉得自己能够承受这种风险，就可以大胆地去尝试，如果自己没有承担风险的能力或者心理上无法承担这种风险，那么也就可以做另外一种选择了。

第二节　集合竞价交易技巧

集合竞价是每天市场开市前的一个重要的环节，那究竟该如何正确地运用集合竞价进行买卖股票？

集合竞价时，成交价格如何确定？集合竞价的所有交易在每日 9 点 25 分以同一价格成交，且为开盘价。集合竞价期间显示的是虚拟成交，所以成交笔数都是零，目的是为了撮合出一个最大成交量的价格，如果有新的买单和抛单加入，每十秒就会进行一次撮合，显示的结果是在这个价格下的最大成交量，但笔数是零，这个时候价格一般会变，最大成交量即现手是逐渐增多的，因为只有在这个价格的撮合下它的成交量比上一次要大，才能取代上一次的成交价格，但如果有撤单的话，最大成交量也有可能减少，9 点 25 分才是集合竞价期间唯一一次真正的成交，所以会显示成交笔数。当然这期间可以挂单，也可以撤单，但 9 点 20 分到 9 点 25 分是不能撤单的，集合竞价期间最好不要撤单，成功概率很小，虽然允许撤单，但还有许多其他原因导致撤单不那么容易成功。

很多投资者尤其新手不了的解集合竞价游戏规则，就容易出现交易不了情况。

如果你想买入一只股票，你直接挂涨停价买入即可，如果你想卖出一只股票，你直接挂跌停价卖出即可，这样基本都可以买到或抛出，但它的实际成交价格不是你所挂的涨停价或跌停价，而是 9 点 25 分成交的那个价格，也就是开盘价。所有人的成交价格都是同一个价格，这个价格是根据最大成交量撮合出来的，当然如果是以涨停板和跌停板开盘的话，你就不一定可以买到，因为，集合竞价期间，价格第一优先，时间第二优先，还有一个数量第三优先，连续竞价期间没有这个优先，9 点 15 分之前的所有时间为同一时间，故挂单时间相同，挂单价格也相同，由于主力挂单的数量比散户大，故先成交主力。

如果实际成交了就会显示笔数，并且笔数为买卖盘中成交和大的笔数，比如说买盘有 6 笔成交，卖盘有 8 笔成交，那么成交的笔数显示为 8 笔，如果说买盘只有 1 笔，卖盘有 100 笔，则为主力大笔买入，反之主力大笔抛出。

停牌期间不允许挂单，但停牌前的挂单可以撤销。对于停牌一小时的股票，在停牌期间（9 点 30 分至 10 点 30 分）不能挂单也不能撤单。当然也没有集合竞价，集合竞价期间的任何挂单和撤单都是无效的，这就要看 10 点 30 分谁的手快，但停牌前的挂单是有效的。

10 点 30 分开盘时，一般在 10 点 29 分 30 秒，交易系统就已经打开了。所以如果你想抢先买入一只复牌即涨停的股票，最好在 10 点 29 分 20 秒挂涨停价买入，因为委托单要进入证券公司系统再进行转换是需要几秒钟的时间，如果你挂早了或深交所还没到 10 点 29 分 30 秒，交易所就把它当作废单处理，所以一定要把握好这个时间点。

关于撤单问题。9 点 15 ～9 点 20 分可以挂单也可以撤单，9 点 20 ～9 点 25 分只能挂单，不接受撤单，9 点 25 ～9 点 30 分不能挂单也不能撤单。所以有些庄家在 9 点 15 ～9 点 20 分期间挂大单买入，引诱散户，到了 9 点 20 分单子被他们偷偷撤了，这种股票很可能会跌，千万不要碰。

在非交易时间内可以挂单，也可以撤单。9 点 30 分前委托再撤单要当心，因为撤单失败的概率比较大。9 点 05 分之后不要撤单，撤单基本不会成功，9 点 15 分之后可以撤单。营业部的转换系统在没有连到交易所时，委托再撤单是可以成功的。营业部在每个交易日的 9 点 05 分左右，会将营业部的转换系统打开，这一系统负责将证券营业部客户的委托指令转换成数据发送至交易所，9 点 15 分准时传送至交易所电脑主机。

第三节　挂单交易技巧

对于很多新手来讲，刚刚接触交易盘面，面对复杂数据和表格，很多投资者一开始只令以现价成交，不懂得挂单交易。新手需要掌握挂单一些基本技巧，这样对降低建仓成本和卖出更优价格是很有利的。

在实际操作中，在挂单成交时，如果是有事不能当时现价交易，或者是估计股价还有上下浮动空间，并且有可能创新高（低）时，往往多数投资者是选择在现价上（下）价位进行挂单，从而就导致了挂单价格与现价并不太吻合的现象，从而造成诸多不必要的损失。

挂单基本技巧如下：

卖单末位带 9，买单末位带 1，回避大单集中价位。因为中国的投资者是特别是喜欢末位带 0 或者带 5 或者是整十位的数字的，往往在这些单附近，都有大量集中的大买或者大卖。这是一个投资心理集成过程。末位带 9，是为了方便卖出，这样相对于整数位的挂单，肯定是先成交。末位带 1，是为了方便买进，在末位 0 如果有大单，末位带 1 肯定先于其成交，回避大单集中价位，在具体的交易中，并不是每次在末位带 0 的价位都有大单集中买卖，而还有不少例外，这个需要先于其挂单，在集中主卖时，可以少其一分先于成交，在集中主买时，可以多其一分挂单先于成交。

这些小技巧，并不一定会给投资者带来多少收益。掌握挂单基本技巧，对提高成交，降低交易成本还是有作用的。

第四节 打新股注意事项

当行情向好时候，市场经常会大面积发行新股。而中国股市新股都是溢价发行。换句话讲，只要投资者申购新股中签就是稳赚不赔买卖。因此，当投资者空仓或者有部分剩余资金都可以进行新股申购。关于怎么申购新股，可能很多新股民不是很了解，在这里做一个简单介绍。

新股申购要在正常交易时间下委托。委托手续与二级市场买入股票方式相同，只是代码有区别。（投资者开户的证券公司一般都会以短信形式就新股申购时间和新股代码等信息发给投资者，新股民可留意一下）

沪市规定每一申购单位为 1 000 股，申购数量不少于 1 000 股，超过 1 000 股的必须是 1 000 股的整数倍。深市规定申购单位为 500 股，每一证券账户申购委托不少于 500 股，超过 500 股的必须是 500 股的整数倍，且不能超过发行公告中所规定的申购数量上限，否则视为无效申购。

单一证券账户只能申购一次，一经申报不能撤单。同一账户的多次申购委托，除第一次申购外，均视为无效申购。

申购流程：

投资者申购（T 日）：投资者在申购时间内缴足申购款，进行申购委托。

资金冻结（T +1 日）：由中国结算公司将申购资金冻结。

验资及配号（T +2 日）：交易所将根据最终的有效申购总量，按每 1 000 股（深圳 500 股）配一个号的规则，由交易主机自动对有效申购进行统一连续配号。

摇号抽签（T +3 日）：公布中签率，并根据总配号量和中签率组织摇号抽签，于次日公布中签结果。

资金解冻（T +4 日）：对未中签部分的申购款予以解冻。

上面是申购新股的注意事项，接下来我们来分析一下，若投资者中签后该什么时候卖出新股？若投资者中签后是不是应该在新股上市当天卖出新股呢？因为新股上市，大部分新股价格较申购价格上涨 50% 甚至更高。很多投资者尤其是新股民已经很知足了，容易出现第一天卖出新股现象。在牛市中，新股上市后，尤其小盘股容易出现连续上涨现象。所以，若投资者中签的新股是小盘股，建议不要急于卖出，可以多持有几天。因为新上市股票尤其是小盘股更容易被爆炒。

新上市的股票更容易受到被爆炒？为什么呢？原因有以下几点：

1. 新上市的股票有一段“大小非”的锁定期，小非（普通股东）锁定期为 12 个月，大非（控股股东）的锁定期为 36 个月。因此在上市后的一年内，对基金或者庄家而言，“大小非”这个巨大的竞争对手也就不存在了。

2. 新上市的中小企业和创业板通常股本比较少，大多数都是在 3 个亿以内，可流通的股份就更少。这样的盘面也就更方便基金公司或者庄家控盘。

3. 由于经过前几年的熊市，在牛市初期新发行的股票估值相对偏低，有溢价操作的空间。为了作更好的说明，我们以 2014 年 8 月份及之后发行的几只新股的行情为例（如图 2－1、图 2－2、图 2－3）。

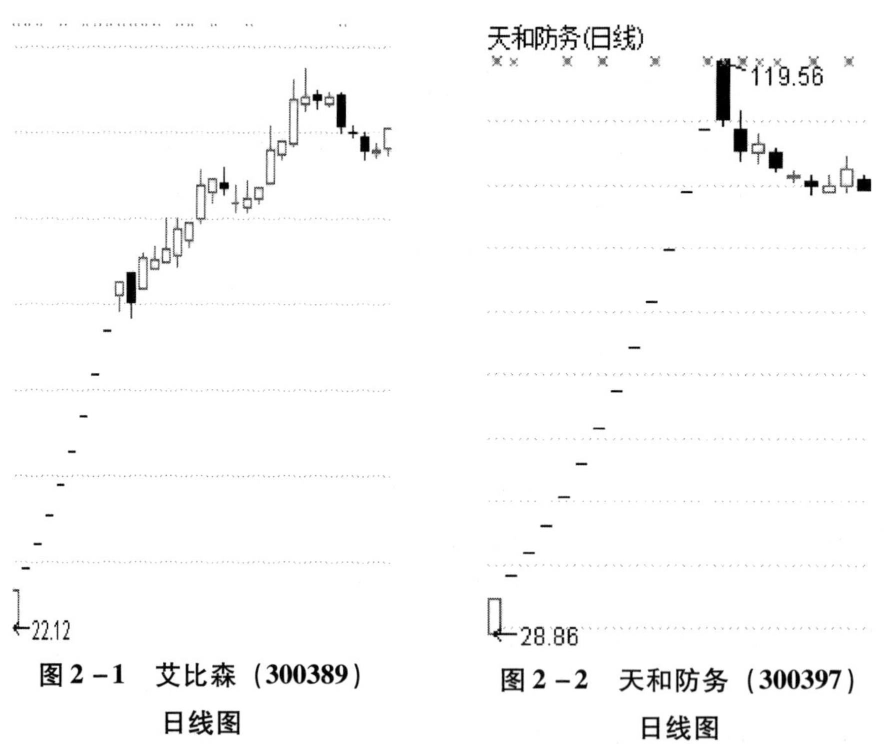

图 2－1　艾比森（300389）日线图

图 2－2　天和防务（300397）日线图

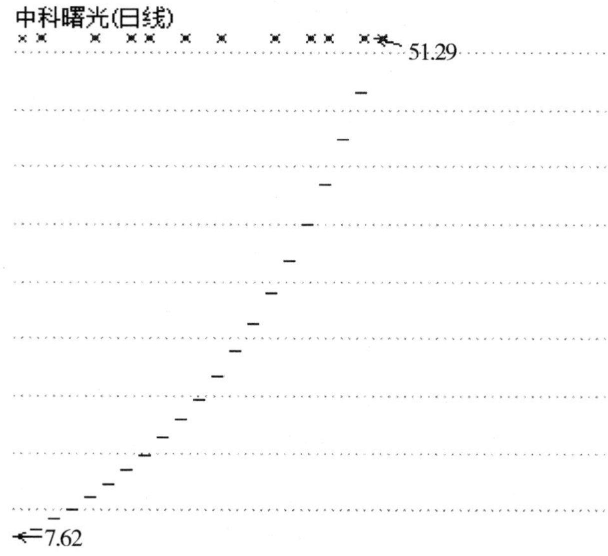

图 2－3 中科曙光（603019）日线图

2014 年 8 月份之后发行的新股中 90% 以上的股票都出现了“井喷”的走势，所以投资者积极地申购新股，一旦申购中签后，不要轻易卖出新股。

一般来说，一些特殊行业的新股或具有较高成长性行业的新股是比较容易被炒作的，如高科技、生物工程、通讯、环保等行业。与之相反，一些处于“夕阳产业”的新股则存在劣势，较难引起市场的关注。

一只新股在具备了上述的这些条件之后，也并不能决定其一定会被炒作。因此，作为散户投资者还需要关注这只新股在上市当天的市场表现，主要有以下几点：

第一，需要判别新股是否有机构在主动吸纳以及吸筹的力度如何，也就是主力的介入程度。有机构收集的股票都带有明显的特征，新股前 20 分钟左右的走势就能够反映出来，假如开盘成交量的换手率达到 5% 以上，同时在前十分钟拉出了阳线，并且在这段时间内换手率能够达到 15% 以上，那么，这只股票就算是表现出了主力吸纳的迹象。

第二，新股的换手率是否充分。这是判断新股是否具有短线机会的一大根据，直接关系到筹码的集中程度。之所以说“充分”，是因为换手率太高或者太低都不利于后市的炒作。

某只新股具备了以上两种特征之后，还要考察一下介入资金的性质，看是立足于中线炒作还是短线的炒作。这一点也是非常重要的，资金性质可以从新股的基本面和形态上进行判断，就目前主流情况而言，新股的介入资金一般以中线资金为主。

综上所述，新股是很容易被炒作的。一旦中签不要急于卖出股票，可以结合盘面情况多观察，出现明显上涨乏力或者日线呈现冲高回落才考虑卖出股票。

第五节　散户和庄家的区别和联系

我们仔细研究中国股票市场发展历史可以发现，相当一部分股票的走势受“庄家”影响。有些股票业绩平平，甚至成为 ST 股，而一旦得到“庄家”青睐，照样可以扶摇上天。对此，股票市场有句名言——股不在好，有庄则灵。

从某种意义讲，中国股票市场的发展史就是一部庄家操作史。

“庄家”本是赌场上的术语，它指的是能看到别人牌的人。在金融证券市场上，庄家是指能影响金融证券市场行情的大户投资者，一般只要控量达到 10%～30% 就能够控盘。从主体上来讲可以是机构也可以是个人大户，他们一般凭借资金、信息优势持有相对较高的股票仓位，为了牟利会不择手段地操纵股票价格。由于庄家具有高超的市场炒作能力和技巧，可以看到“别人的牌”，如上市公司的牌、政府的牌、散户的牌。因此，庄家在市场炒作上有相当大的主动性，具备一定的操纵市场的能力。那庄家到底有多大能耐？他们又是如何操作股票呢？下面给大家讲讲中国最著名庄股——亿安科技。自 1998 年 10 月 5 日起，庄家集中资金，利用 627 个个人股票账户及 3 个法人股票账户，大量买入“深锦兴”（后更名为“亿安科技”）股票。持仓量从 1998 年 10 月 5 日的 53 万股，占流通股的 1.52%，到最高时 2000 年 1 月 12 日的 3001 万股，占流通股的 85%。从 8 元左右的价位被庄家借科技股的炒作之风一举推上 126.31 元的高位，成为中国首只百元股。而同时，还通过其控制的不同股票账户，以自己为交易对象，进行不转移所有权的自买自卖，制造交易量假象。然后因过高价格令很多投资者望而生畏到最后已基本上没有什么散户参与了，庄家最后自己把自己深套其中，只能不断推升股价以吸引跟风盘。最后再自弹自唱只能是多交税而已，唯一能做的就是深幅下跌以吸引抢反弹买盘跟进。可惜，亿安科技股价的下跌导致了高价股的群体下跌，庄家中途虽制造了几次超跌反弹的假象，但出货难度依然较大，只有一口气下跌近百元到了 27 元左右才真正吸引到了大量的抢反弹的买盘，从而完成出货。

2001 年 4 月 23 日，中国证监会对联合操纵亿安科技（0008）股票价格的广东欣盛投资顾问有限公司、广东中百投资顾问有限公司、广东百源投资顾问有限公司、广东金易投资顾问有限公司等四家投资顾问公司（以下简称为“四庄家”）做出行政处罚决定：没收其违法所得4.49亿元，并处以等量的巨额罚款。至此，这桩中国最著名股票操作案就这样落幕了。

这就是庄家，能让“垃圾”变成“金子”，能让“平民”变成“贵族”，一个神通广大的狠角色。当然，伴随着监管的加强和股票市场的逐渐成熟，庄家能量在逐渐减弱，但没有消亡。

说完庄家，我们再来对“散户”有一个认识。

一般投资者都可以称为“散户”。是因为无论个人拥有多少资金在资本市场面前都是极其少量的。无论是庄家还是散户，他们进入股市的目的都很简单，那就是获利。但两者的获利方式却是存在着很多区别的。

我们可以将庄家与散户的区别总结为以下几点：

1. 资金差别。庄家用几个亿、十几个亿去做一只股票。而散户的资金量有限，他们只能用几万、十几万或者稍多一点的资金去做股票。

2. 庄家做一只股票需要花上一年甚至几年的时间，而散户做一只股票却只需要几周甚至几天的时间。

3. 庄家喜欢集中资金打歼灭战，成功率非常高。而散户多喜欢买多只个股做分散投资，输赢难定。

4. 庄家在炒一只股票时，对该股票的基本面、技术面会做长时间的详细调查和分析，会在制定周密的计划后才开始慢慢行动。而一些散户对股票市场的理解并不深刻，有时候看看电脑屏幕，几分钟便会决定买卖。

5. 庄家特别喜欢一些冷门的个股，并经常将其从冷门炒成热门。而散户们则喜欢追逐热门股票，对冷门股票有较高的警觉性。

6. 庄家虽然有资金和信息等众多优势，但对技术理论也是十分看重，从不掉以轻心。而一些散户却经常忽视这一点。

7. 庄家对散户十分重视，他们会注意主流资金的导向，了解状况。而散户却经常陷入闭门造车的困境当中，只守着一亩三分地，不顾外部环境。

散户与庄家存在着很大的区别，但它们之间又有着千丝万缕的关系。其中，以庄家对散户的影响最为明显。这其中就涉及“跟庄”理论。

“跟庄”指的是跟着庄家炒股。跟庄的方法有很多种，比如打听消息，看技术指标。如果要保证准确率的话，还是要去分析持仓量。跟庄是很多散户投资者的获利法宝之一，这也是证明散户在炒股过程中必须要密切注意庄家或主力资金的动态。

散户对庄家也有一些影响，毕竟，庄家资金再多，也可能很难抗衡炒股同时入市的散户资金总和，面对如此庞大的资金量，庄家当然也会密切关注。

其实，庄家和散户就是鱼和水的关系，没有散户这潭深水的养护，鱼儿也就失去了生存的基础，不可能长得又肥又大；如果没有鱼儿的出现，水也只能是水，而且是死水。水能载舟，亦能覆舟，就是这个道理。庄家做盘太毒，不给散户留有余地，最后的结果就是无人跟盘，不能全身而退；散户追涨杀跌，就扰乱主力做盘思路，有可能导致庄家弃庄。二者唇亡齿寒，相依为命，不要把本应融合的东西搞得对立，这是我们每一个散户都应该学习和懂得的道理。

第六节 含权股票和概念股交易技巧

含权股票就是指含有股利的股票，尚未除权的。“含权”在这里就是含有送股的权力。如投资者经常会听到“某某股票年报拟10送10”，那这个股票就是含权股票。送股后就是除权，就是解除了送股的权力。送股除权后你的股票价格成了除权价，为了计算你的成本，你可以对股票进行复权。一个会计年度结束后，股份公司进入盈余分配时期，这个时期的股票就是含权股，此外公司增资配股也形成含权股。我国股市对分红配股的实施日期无统一规定，实际上往往一年到头都有上市公司在搞分红配股，分布较密集的月份则是5、6、7、8、9几个月。

参入含权股票交易，投资者需要主要注意几点：

第一，牢记重要日期。在分红派息的前夕，持有该公司股票的股东一定要密切关注与分红派息有关的四个日期，这四个日期是：股息宣布日，即公司董事会将分红派息的消息公布于众的时间。派息日，即正式将股息发放给股东的时间。股权登记日，即统计和确认参加本期股息红利分配的股东的时间。除息日，即不再享有本期股息的时间。

在这四个日期中，最重要的是股权登记日和除息日。由于每天都有投资者在股票市场上买进或卖出，公司的股票不断易手，这就意味着股东在不断变化中。因此，公司董事会在决定分红派息时必须明确公布股权登记日，派发股息以股权登记日这一天的公司名册为准。

第二，盘子大小。一般来说，绩优、盘小、送配股比例大、配股价比正股价有较大落差的含权股，多会形成一波上升行情；而送配股比例小，配股价接近正股价的含权股则多会走出一波下跌行情。

第三，市场整体环境。在牛市中，投资者购进此类股票积极参与除权，获利机会多；在熊市中，投资者不断逃离市场，填权行情很难走出。

概念股是相对于业绩股的一类股票，这类股票具有某种特有的含义，如奥运、地产、金融等主题，相应的股票即为奥运题材股、地产股以及保险股等。

虽然在部分股民的眼中，概念股就是为了圆一个谎言而编造的一系列谎言。什么是概念股？所谓概念股就是指具有某种内涵（主题）的一系列股票，其主题或内涵也是股民炒作的兴奋点。如自贸区实验和建设。引发了外高桥强劲走势。

概念股的操作技巧：

概念股实质上就是人民币普通股票（A 股）的一类，不过概念股多为具有相同或相近内涵的一系列股票。

第一，观察市场热度。市场是否对这个概率青睐。有热度才会有行情。概念股的价格是依靠市场对其概念炒作为支撑，一旦该只概念股不再是市场热点，价格可能大幅波动。

第二，只做“领头羊”。一个概念一旦被市场挖掘，一定会出现一只“领头羊”股票。投资者若想参入必须只做“领头羊”，差一点点都不行。

第三章 新股民容易犯的错误

第一节 频繁交易

在股市中，我发现有很多投资者都喜欢经常调仓换股，他们会根据各种指标和股价涨跌行情来不断地动态调整仓位，以求提高自己的收益。这种行为在新手中非常常见，因为新手对股市的了解不够深刻，而且在初入股市时往往会带有很强的个人色彩。这种操作方式在一定程度上或许能够给投资收益带来变化，但如果幻想依靠频繁调仓换股来取得收益的最大化，那么无疑是一种非常冒进的行为。

对于这一点，我的一次亲身经历给出了很好的说明。

2007 年 7 月，我在公司与同事开会时，助理突然敲开了会议室的门，当时我还有点不高兴，毕竟是在开会，被打断了的感觉非常不好。

但当助理凑到我耳边跟我说了几句话之后，我立刻中断了会议。因为助理告诉我，一位客户找上门来了。而且这位客户十分特殊。

我之所以说他特殊，是因为助理告诉我，这位客户是在看了我的书之后，通过向出版社一层一层地打听，然后找到当时负责出版的责任编辑才要到了我的联系方式，然后他又从湛江来到广州，专程过来找我。

对此我很感动，所以理所当然地中断了会议，然后与这位客户进行了详谈。

一番对话之后，我了解了一个大致的情况：客户姓李，是一家钢铁加工行业的老板，小有身家。他在 2007 年初开始进入股票市场，总共投入了 30 多万元的资金，但半年下来，他不但没有盈利，还亏损了近 20%。

我当时很是诧异，因为 2007 年中旬的行情并不差，我还没有见到过亏损如此严重的投资者。后来深入了解之后我才得知，他已经找到了毛病。

这位朋友的投资习惯就如同大部分新手入场时一样，喜欢追涨杀跌，如果只是追涨杀跌也就罢了，关键是他还非常热衷于调仓换股。一只股票拿在手里，只要一天不见涨，他心里就开始七上八下，就算跌了一点，他也会立刻换仓。就这样，半年下来，他不但没有盈利，反而被这种零星地“割肉”砍掉了 20% 的资金。

而他在偶然的一天，在广东某报纸财经专栏上看到了我写的一篇文章，这篇文章主要论述的就是“频繁换仓”的弊端，在看完报纸之后，他极为震惊，因为他觉得这篇文章的内容完全解答了他当时的疑惑。

后来，这位李姓朋友成了我们公司的客户。他重新筹措了 30 万元，让我们公司帮他操作，半年下来，我们不但弥补了他之前的亏损，还帮他小赚了一笔。

在了解到我们的操作方式之后，这位客户说出了一段令我十分难忘的话：“我自己操作的时候，选股非常激进，操作也很频繁，就是为了获取更多的利润，看到哪只好股票都不愿意放过，生怕错过机会。但是我看你们给我操作的时候，更多的是考虑安全性的问题，很少调仓换股，看来这中间还真的是有不少的区别。”

这件事使得我对新股民“频繁换仓”的习惯有了更加深刻的认识。对频繁换仓带来的弊端我也做了更加全面的总结。

1. 频繁换仓会导致最强牛股在仓位中占的比例始终较小，对账户收益贡献不大。假如一位投资者侥幸压中了一只最强的牛股，如果他在持有不到两天就换手，那这只牛股能够给他带来多大的收益呢？

2. 匆忙中换入的股票一般都没有经过慎重的考察，买入的时候轻率，卖出的时候也草率。这就好比是一个人开一家公司，不断地招聘新员工，但同时又在不断地解雇那些暂时表现不好的员工。这样看似是在不断地进行优选和淘汰，但实际上却是断绝了一些新人的成长空间，因为个人能力并不能在一两天或一个星期内得到体现。

3. 频繁换仓看似是在做高抛低吸的波段操作，但实际上却很难保证成功率。低吸之后还要以更低价止损，高抛了又要以更高的价格买回来。打个简单的比方，我们在卖出一只股票时往往是因为它出现了大跌，但真正的大牛股一般在调整到 20% 左右的时候就恢复上涨了，假如我们等到它突破盘整平台后买入，那就比卖出的价格要高了很多，如果一位股民在心理上无法承受这个买入价，那么就会永远地错过这一只牛股。

4. 一般来说，一些新手的换仓原则是：假如一只股票长期不涨，也不做调整，那么赶紧换为其他股票。但这种原则明显存在问题。如果某只股票的确是一只牛股的话，那么它大部分时间都会在横盘调整，真正上涨的时间反而比较少。假如投资者在它不涨的时候抛出，那么就很容易出现这样的结果：看见一只牛股大涨了才买进去，买了它又不涨了，等了一段时间看它一直没动静，又看见另一只牛股在大涨，就又换到另一只，如此不断重复前面的悲剧。

5. 频繁换仓会带来一些额外成本。除了带来无法避免的交易成本外，还可能会带来一些其他的成本。比如某只股票放量大涨 5%，投资者选择调仓买入，但收盘时它的涨幅缩小到 3%，这样投资者这一天实际就亏损了 2%，这样的情况如果在一年中出现了 20 次，就能吃掉一个投资者 20% 的利润。

在实际情况中，很多新手投资者并不会觉得频繁换仓是什么问题。这是因为他们在调仓换股时都是针对小部分仓位进行操作。这样一来，问题就不能得到明显反映。有时，当他们新买入的股票大涨时，他们还会为自己的决策而感到庆幸或者沾沾自喜。但这明显是一种特殊情况，而更值得注意的是，很多人根本就没有注意到频繁换仓时带来的小损失，因为小损失不起眼，所以很多人都会选择忽略，但实际上，这些小损失日积月累之下，也是一种大损失。而这种损失，对于想获得高盈利的股票投资者来说，无疑是一种伤害！

第二节 缺乏风险意识

新牛市到来之后，一大批新股民涌入股市，他们主要是看到牛市来了，有赚快钱的机会，所以热情高涨。但对于风险，其实很多新股民是没有考虑太多的。在实际交易中如何规避和控制风险一直是一个难题，特别是对新手而言。因为如果一个人没有受过伤，就不知道危害从何而来。所以对于没有任何经验的新股民来说，他们很难去规避风险。

新股民在交易中容易出现以下几种风险：

第一，在牛市中连续踏空而产生的冒进主义风险。在信息分享充分的时候，新股民并非没有一点风险意识，很多新股民对风险并不陌生。很多新股民在实际交易中会遇到这样一些情况，他们不是不懂得逢高卖出，规避风险，他们更容易产生因为连续踏空后转向冒进而产生了巨大的交易风险，很多新股民一看到大盘或者自己持有的个股上涨到一定的阶段之后，一旦听到各种媒体建议短线回头的消息之后，他们会果断清仓。但在牛市中，不轻易言顶。有时，当大家预测可能还进行回调的时候，大盘可能继续上涨，新股民就会产生第一次踏空。然而行情还会继续上涨，投资者会产生第二次踏空，心情会变得十分焦躁。与此同时行情可能还会继续上涨，很多新股民可能就会无法忍受，决定再次入场，而这个时候，短线已经郁积了很大的风险。

在 2006 年，我就遇到了这样的一位投资者。

这位吴姓投资者是一名普通的工薪阶层，20 多年的工作下来他也攒了一笔不小的积蓄。在手上有了资金后，他就想进股市碰碰运气。

2006 年 3 月，在我的指导下，他去开了户，买的第一只股票是沙河股份。他在买入这只股票之后，有很多媒体预测大盘会在 1600 点出现一个明显的整理回调阶段。这时他已经有些慌乱了，在 5 月 12 日大盘接近 1600 点的时候，他就开始进行清仓规避风险。当时我建议他还是继续观望，因为此时的上涨幅度已经很大了。

然而在接下来的半个月时间内，大盘一直在震荡，并没有出现充分的调

图 3－1　沙河股份（000014）总体走势

整，对一个新入市的股民来说，这半个月是一个漫长的等待。而当时的沙河股份整体呈现一个继续攀升的态势，他感觉自己踏空了行情，于是他决定在 5 月 31 日选择再次入场，买进沙河股份，结果在 2006 年 6 月 7 日出现了一个巨大的调整，大盘当天的跌幅达到 5. 33%，跌落 89. 58 点，沙河股份当天也跌停，他第一次看到如此大的跌幅，产生了严重的恐慌，最终选择了“割肉”出局。

所以，在牛市中，行情的走势可能跟通常预想的走势有所差别，新股民会因为这种踏空而产生冒进主义的思想。这波新的牛市是在股指期货和融资融券的背景下产生的，整个过程中会出现更多的暴涨和快速杀跌，所以新股民一定不能因为踏空行情而产生冒进行为。

第二，“收益比较”产生的冲动交易风险。很多投资者甚至新股民喜欢跟朋友分享自己的炒股经历，在无形中他们就会做一些收益的比较，有些新股民看到自己的收益很低，甚至收益为负的时候，就会产生一种模仿他人交易的冲动。有一些可能会改变自己的交易计划，开始追涨杀跌，尤其容易去追逐涨停板。但是由于新股民缺乏对强势股的深刻理解和把握，他们这种“敢死队”式的作风伴随的是高失误率，一旦出现什么失误，又马上改变自己的策略，所以很多人在这个过程中，交易会出现极其混乱的局面。而且会出现比较严重的损失。

第三，由于缺乏交易常识而产生的风险。很多新股民由于对集合竞价和挂单交易不够熟练，会因为缺乏交易知识而产生一些风险。缺乏交易常识是非常可怕的，这就如同一个玩游戏的人不知道游戏规则、操作方法一样，胜算能有几何呢？而这一点也是很多新股民容易犯的问题。“新”就意味着“刚开始”，经验上较老股民肯定差很多。有的人简单地把股市比作一个买涨买跌的“押宝式”赌局，这是十分可笑的，因为真正的股市永远都是“内行看简单，外行看复杂”，不懂的人就会觉得非常复杂，懂的人才能理解到其中的奥妙。

以上三点是新手在股市中遭遇风险的几个原因，这其中除了第三点是“技能类”原因外，另外两点都是由心态导致的。因为新手在心态上存在着冒进、攀比的毛病，所以就容易做出一些有悖常理的交易行为，而这些交易行为正是导致很多新手屡战屡败的原因。因此，希望广大投资者能够对这几点问题产生足够的认识，并在实际操作当中去避免和改进。

第三节　很少资金买众多股票

我们都知道，在解放战争的三大战役中，解放军的胜利都离不开一个核心战术理念的支持——集中优势兵力。为什么这个理念能够发挥作用？对此，最为经典的一个解释便是“拳头理论”，如果让手掌的每根手指头去跟他人搏斗，那么其效果一定不如攒起来的拳头，五根手指有强有弱，但集中在一起就是一股强大的力量。

在股市中，这个道理同样能够适用。但在此之前，我们也要讲一讲另外一个理论——不把鸡蛋放在一个篮子里。

在某些证券公司的交易大厅里，我们常常能够看到这样的情况：一位散户在面对两千多家上市公司时常常手足无措，不知道该买入哪只股票。有的人听说 A 公司的股票好，就去买这家公司的股票，听别人说 B 公司的股票也不错，又立即入手几百股；偶尔见到 C 公司的股票一路上涨，又连忙倒腾进来几百股；出现黑马股时，又会去追……结果短短几天时间，他手中持有的股票可能就超过了 20 只以上。

这些人一般都是信奉“不要把鸡蛋放在一个篮子里”这一原则的，但实际上，这一原则其实并不完全适应股票市场。

“不要把所有的鸡蛋都放在一个篮子里”，这是投资市场的一个经典名言，而现在，这句话却误导了相当一部分的散户投资者，在我十多年的从业生涯中，发现身边存在很多这样的散户投资者：在资金不足 10 万元的情况下，却买了上十只股票。更离谱的是，有的人甚至都无法记全自己所买股票的名称。在这种情况下就会出现这样的情况：某一天，他买的某只股票涨停了，但他的账户里却没有一丝盈利。

那么，是这句话错了吗？其实并非这样。“不要把鸡蛋放在一个篮子里”指的是广泛意义上的投资，并非单一品种的投资。比如说既投资实业又投资虚拟经济，既买保险也有储蓄、外汇、股票、债券等。这是通过多种投资渠道来分散风险，规避周期性的起落，在这种情况下，这样做是可行的。

然而股票市场是一个单一市场，绝大多数品种在绝大多数时间都会面临同样的系统风险，当你把有限的资金放在多种不同的股票里时，它们面对的风险仍然是一致的。因此，我们告诫所有的散户投资者，把“鸡蛋”放在同一个篮子里适合的是大基金和大机构，并不适合资金少、实力薄弱的散户。散户与大机构就如同蚂蚁与大象，两者的生存目标一致，但活法却千差万别。对于散户来说，让“鸡蛋”太过分散存在以下几点问题：

第一，不能实现最大化盈利。假如一位散户投资者手上有 10 万元的资金，当他将其分成 5 份后，每一份不过只有 2 万元。那么假如他想实现盈利，就必须保证收益大于亏损，就如同上文中所提到的那个现象一样：某一天，他买的某只股票涨停了，但他的账户里却没有一丝盈利。

第二，分散个人精力。5 只股显然比 1 只股更牵扯你的决策判断。每个人的精力都是有限的，同时对 5 只甚至更多的股票做关注和决策会导致精力过于分散，还不如集中力量做好一只股票。

散户的资金本来不多，实力也不雄厚，对个股的分析和把握也缺乏专业知识。对股市、对个股的了解更多的是通过媒体和股评家来了解，散户的炒股多是跟风。这就决定了散户只能集中资金，把精力放在一只股票中，才能把握个股走势，了解自身的利润，做到高抛低吸。

具体来说，将鸡蛋放在一个篮子或少量篮子里有以下几点好处：

（1）有利于了解这只股票的高位和低点，便于补仓和减少交易成本；

（2）股市是有涨有跌的，初买个股时，只投入 30% 资金，逐步建仓，补仓时你才能准确判断每一次的补仓量；

（3）不需要对大盘产生恐慌，便于集中精力设好收益点，高抛低吸。

为什么我们大多数人会犯分散资金的错误呢？

其实这都是“经验主义”的误导。无论是在股市还是其他投资市场，我们都会力求将风险控制到最低，因此，很多人会选择将“鸡蛋”多放几个“篮子”。这在一定程度上是可行的，而且投资者的这种“东方不亮西方亮”的想法也具有一定的正确性。

但我们在上文中也提到了，股市与其他投资市场的性质并不一样。

英国经济学家凯恩斯在 1934 年时说过一句著名的话：“通过撒大网捕捉更多公司的方法来降低投资风险的想法是错误的，因为你对这些公司知之甚少，更无特别信心……人的知识和经验都是有限的，在某一特定的时间段里，我最有信心投资的企业也不过两三家。”

另一位著名的投资咨询家费雪在其《普通股通往财富之路》一书中也写过：“许多投资者，当然还有那些为他们提供咨询的人，从未意识到，购买自己不了解的公司的股票可能比没有充分多元化还要危险得多。”

他们的理论都是指向一个结果：在股市当中，散户购买多只股票和购买一只股票的风险其实并不会差太多。顺便提一句，这二人是“股神”巴菲特投资灵感的主要来源。

这两位前辈半个多世纪前的理论早已成形，但他们推崇的这种科学合理的集中投资方法却一直被人们忽略，究其原因，还是这种理论与人们经验和做法大相径庭，以至于很少有人能够真正依靠理论而不是自己的实践去做投资。

第四节　依靠小道消息买股票

我们都知道，中国的股市还是一个很不成熟的市场，很多投资者喜欢打听各种小道消息，完全依靠消息来买卖股票。

首先，我们不否认有极少部分投资者依靠可信的渠道获取小部分上市公司收购重组的内幕消息而大幅获利。但我们的市场每天都充斥着各种消息和传闻，而我们相当一部分投资者不通过科学的分析、细致的论证去发掘股票，而是从不同的侧面去打听各种消息或传递这种消息。依赖消息买卖股票，从而造成一种混乱的交易现象。而根据我十多年的从业经验来看，很多投资者打听到的所谓“小道消息90%都是不准确的”。

所谓的“小道消息”大致可以分为以下几类。

第一类，捕风捉影、以讹传讹、完全不存在的消息。

我们以2013年的“大摩”事件为例。

2013年4月19日，沪指突然上涨了2.14%，在大盘持续低迷的情况下，突然出现的这波大幅上涨必定有着其原因。后来证明，引起这波大盘上涨的正是一则小道消息，有消息称，大摩与证监会，就其MSCI新兴市场指数加入A股权重正式沟通。有媒体分析，一旦双方达成协议，必将带动跟踪该指数的指数基金大量配置A股。然而，这则消息不出24个小时便被否定了。大摩在2009年发表过声明MSCI已于2009年从摩根士丹利中剥离出去，目前摩根士丹利与MSCI无任何关系。

这就是一起典型的依靠“小道消息”而买卖股票的事件。

第二类，有些消息是庄家或者主力经过精密布置，故意放出去，有的甚至通过媒体传话。而这类消息大多是关于公司重组并购，方便主力哄高股价或者出货。我们来看看2006年《中国证券报》报道一个事件，投资者就很容易理解。

据新华社近日信息，有关上市公司重组的报道不断见诸媒体，传言中被重组的主角不仅包括问题公司，一些未股改公司也成为重组的热门对象。锦州六陆（000686）、＊ST 天发（000670）、G 五粮液（000858）三公司分别就媒体报道的收购重组事宜发布了澄清公告。

报道 1：《锦州六陆：股权转让未签协议》：

锦州六陆公告：公司第一大股东中国石油锦州石油化工公司正在酝酿公司股权转让及资产置换的事宜，沈阳五爱实业有限公司仅是多个战略投资者之一，但并未签订股权转让及资产置换协议。

近日有媒体刊登有关锦州六陆重组的文章，称“沈阳五爱与锦州六陆第一大股东锦州石油化工达成重组协议”“锦州六陆的股改方案也将随即推出”“政府主导重组六陆”“沈阳五爱已于 6 月 23 日向证监会提出了要约收购豁免申请”。

就该文中所载事项向锦州石油化工公司进行了函询，得到回复如下：锦州石油化工确实在酝酿股权转让及资产置换的事宜，但沈阳五爱仅是多个战略投资者之一，锦州石油化工与沈阳五爱正在进行积极探讨。但截至目前，锦州石油化工及其实际控制人与沈阳五爱并未签订股权转让及资产置换协议，亦未形成任何会议纪要。锦州石油化工认为，沈阳五爱在双方尚未达成意向前就向证监会提出要约收购豁免申请，根本不符合相关程序。为此锦州石油化工向沈阳五爱进行了咨询，沈阳五爱称并无此事。关于锦州六陆股改问题，锦州石油化工正在积极酝酿股改方案，但具体进入股改程序的时间目前尚难以确定。

关于沈阳市政府召开的协调会，锦州六陆表示，锦州石油化工与公司均未参与，因此协调会的内容公司无从知晓。

报道 2：《五粮液大股东未与摩根士丹利接触》：

五粮液（000858）就摩根士丹利收购传闻发布澄清公告，称公司股东宜宾市国有资产经营有限公司并未和摩根士丹利有过接触。

近日，有媒体报道称“五粮液购并阵局初现，联想淡出大摩入局收购普什”“国际投行摩根士丹利在和宜宾市国有资产经营有限公司谈国有股权转让事宜”。

经公司向宜宾市国资经营公司求证，目前摩根士丹利并未和该公司接触，更不存在所谓的谈及国有股权转让事宜。

报道 3：《＊ST 天发：没有置换长联石油股权意向》：

＊ST 天发（000670）日前就媒体有关长联石油控股有限公司将以 2 元价

格购买天发集团股权的报道发布澄清公告，称天发集团并没有以＊ST天发资产置换长联石油股权的意向。

近日，有媒体刊登了长联2元购买天发资产的报道。文章主要内容为：“光彩49集团分别用1元的代价收购荆州市政府和龚家龙手中的天发集团股权为开局，然后由光彩49集团将天发集团旗下的石油资产、石油运营牌照纳入长联。待光彩49集团接手天发集团后，雷曼兄弟公司将与银行商谈天发集团的债务重组；债务重组结束后，新疆中基实业股份公司将接盘天发集团旗下天颐科技的资产设备。”

经咨询公司大股东天发集团得知，天发集团为扭转经营困境，近期曾与光彩49集团等企业进行过接触，商谈天发集团资产整体重组的事宜，但目前未签订相关协议。此外，上述接触和商谈仅涉及天发集团，未涉及＊ST天发的具体安排。

同时，天发集团目前还没有以公司资产置换长联石油股权的意向和打算，更未签订有关置换协议。

第三类，上市公司确实有重组和并购意图，但只是处在初步想法和接洽中。而这种消息是一个复杂信号，存在很多情况：

有的上市公司确实存在困境，急需通过重组并购救活，重组意愿比较强烈，但上市公司的重组和并购必须要接受方，接受方可能有很多家企业，甚至还受限当地政府态度，整个重组过程可能只进行10%。

有的公司依据集团总体战略做一些业务调整和资源整合，但集团只是初步构想或者处在谈论阶段，还没有成形，这个重组并购可能存在5%可能性。

有些公司上市已经确定重组方案或者控股股东已经有明确计划，但实施起来时间可能需要1～2年，中间依旧存在领导人变更计划更改或者市场环境发生变化、改变重组决定等不确定因素，这种重组的成功可能性有30%。如在2009年安阳钢铁（600569）在11月24日发布的澄清公告称，控股股东安钢集团没有与中钢集团等央企就资产重组有任何形式的接触。公司的实际控制人河南省国有资产监督管理委员会的答复则稍显“暧昧”。河南国资委表示，支持安钢集团与具有技术、市场和资源优势的国内特大型钢铁企业集团进行战略重组，其中与央企合作是选择重点之一，只是目前还没有确定具体的实施对象和实施步骤。这类消息就属于有点意向，但存在初步探讨阶段，对短期业绩不能产生任何影响的消息。

作为一名新手投资者，进入股市时由于缺乏经验，很容易产生乱信偏门的行为，这与其说是一种问题，倒不如说是一种惯性。但这种惯性带来的危害也是显而易见的。所以，在任何时候，我都会劝诫新晋的投资者们，在面对数量巨大且碎片化的信息前，一定要注意甄别，假如自己没有能力去做判断，最好通过主流且可信的媒体进行查证，因为贸然相信传闻的后果是非常严重的。这些小道消息中，大部分都存在着一定的水分，如果将盈利的希望寄托在这个上面，那就如同是上了一辆没有牌照的黑车，车子往哪儿开你永远也不知道，出了车祸也不会有人赔偿。所以投资者一定要谨之、慎之！

第五节　只学技术分析，不学基本分析

很多新手能看懂 K 线和成交量，能使用 MACD 布林通道或者学会识别圆弧底就会觉得特别有成就感，他们会认为，只有这些知识才是专业知识。而对于年报研究、企业经营、行业研究却很少过问。

这里就涉及几个非常重要的问题——想要成为一个真正的高手，要学习哪些知识？哪些知识是重点？该怎么学习？

一些人可能会认为这不是什么大问题，其实不然，学到的知识、知识的侧重点以及学习的方法会决定一个人将来的思维习惯和投资风格，而人的思维习惯和投资风格一旦定势就很难改变，所以，这个问题是非常重要的。

在之前的很多章节中，我们都反复提醒投资者：这次牛市是一次革命性牛市，经历这次牛市的洗礼，中国股市将会进入一个新纪元。而时代在改变，我们也要跟上时代的变化。要学会掌握价值投资，不迷恋追涨杀跌，不要在意过去学习到的一些投机技术。

现在市场上有一些专家教人怎么去狙击涨停板、怎么去跟庄，这些知识并非完全一无是处，但是它很容易诱导新手进入一个误区，不利于股民养成良好的投资习惯。长此以往，可能会让投资者吃大亏。

因此，在这次历史性的拐点前，我们一定要清楚未来股市的发展趋势，认识到未来将是机构投资者主导的时代，是价值投资的天下。在此背景下，我们必须从源头开始，顺应新趋势和新环境，养成价值投资的好习惯。而掌握价值投资的关键就在于基本分析。

何谓基本分析？所谓的基本分析是指通过对经济数据、政治信息以及财务数据的透彻分析，来判断金融市场和个股未来走势。而基本分析主要包括以下三个层面，分别是宏观层面、行业层面、企业本身。

我们首先来讲一讲宏观层面。

宏观层面包括宏观经济状况、利率水平、通货膨胀、政治因素、心理因素。我们分别对其进行解释。

1. 宏观经济。

从国外股票市场历史走势不难发现，股票市场的变动趋势大体上与经济周期相吻合。在经济繁荣时期，企业经营状况好，盈利多，其股票价格也在上涨。经济不景气时，企业收入减少，利润下降，也将导致其股票价格不断下跌。但是股票市场的走势与经济周期在时间上并不是完全一致的，通常，股票市场的变化要有一定的超前性，因此股市价格被称作是“宏观经济的晴雨表”。因此，从长期和根本上看，股票市场的走势和变化是由一国经济发展水平和经济景气状况所决定的，股票市场价格波动也在很大程度上反映了宏观经济状况的变化。在这里我要提醒大家的是，中国目前股票市场依旧存在很多制度缺陷，市场还不够成熟。所以即使其宏观经济和行业快速发展，但其股价早已充分反应，甚至过度反应。这就出现了有些股票即使经济发展行业高速增长但股价还可能连连走低的现象。

2. 利率水平。

在成熟市场，利率是一个比较敏感的因素。利率对股市的基本作用原理是：利率上升，民众可能会将一部分资金存入银行系统，从而减少了股票市场的资金量，对股价造成一定的影响。同时，由于利率上升，企业经营成本增加，利润减少，也相应地会使股票价格有所下跌。反之，利率降低，人们出于保值增值的内在需要，可能会将更多的资金投向股市，从而刺激股票价格的上涨。同时，由于利率降低，企业经营成本降低，利润增加，也相应地促使股票价格上涨。但在中国，其实际情况跟这个西方经济学所假设的环境有点不同，因为中国本身就是一个高储蓄率国家，这是一个民族出于安全考虑的自保习惯。因此，国民对小幅度的利率波动并不敏感。另外伴随中国经的济持续发展，中国人不再缺钱，缺的是机会，依靠利率来引导资金投入改变还赶不上对房产调控政策管用。

3. 通货膨胀。

这一因素对股票市场走势有利有弊，既有刺激市场的作用，又有压抑市场的作用，但总的来看是弊大于利，它会推动股市的泡沫成分加大。在通货膨胀初期，由于货币增加会刺激生产和消费，增加企业的盈利，从而促使股票价格上涨。但通货膨胀到了一定程度时，将会推动利率上扬，从而促使股价下跌。

4. 政治因素。

这个是我要重点提醒投资者重点需要掌握的一个知识点。中国整个政治经济体系跟国外很多国家还是有很大区别。中国是一个政府本身掌握大量经济资源的国家，国家通过央企和地方国有企业极大地影响着经济整体走势和生产要素的分配。同时，国家决策层对整个社会资源的控制力、配权以及要素流动也具有足够影响力。因此，政治意志和国家整体战略对股市影响巨大。例如，这次牛市的启动，很大一部分原因都要归于国家政策的导向。

5. 心理因素。

投资人在受到各个方面的影响后产生心理状态改变，往往导致情绪波动，判断失误，做出盲目追随大户、狂抛或者抢购的行为，这往往也是引起股价狂跌暴涨的重要因素。

以上所讲的是宏观层面一些知识点，宏观层面的知识对于我们判断市场周期、判断股市熊牛走势还是起到很大作用的。

下面我们再来讲一讲行业层面。我们对行业层面的解读做了三个不同维度的理解，这三个维度分别是行业类别、行业特征和行业生命周期。

1. 所谓行业，是指一个企业群体，这个企业群体的成员由于其产品可相互替代而处于一种彼此紧密联系的状态，但企业与企业之间又因为产品可替代的差异性而表现出各有不同。对于行业的分类，往往有三个出处。一个是国家统计局的行业分类，一个是证券交易所的分类，再一个是行情分析软件里的分类。国家统计局的行业分类是最标准和最齐全的，但是上市公司的覆盖面没有那么大，因而一般交易者还是以证券交易所的分类为准。上海证券交易所在2001 年对所有上市公司做过一次行业分类，其后在 2003 年为配合上证 180 指数的发布，又以摩根士丹利和标准普尔公司联合发布的全球行业分类标准（GICS）为基础，参照中国证监会发布的“上市公司行业分类指引”进行了调整，把上市公司分成十大行业并以此进行成分股的选样。但是，很多行情分析软件里还是以上海证券交易所在 2001 年所公布的行业分类为准，并按股票的关联波动性细分了更多的小分类。在这里，我们仅大致地介绍一下一直沿用的上市公司行业分类标准，具体情况见下表：

我国上市公司行业分类标准

行业分类	小分类
农、林、牧、渔业	农业/林业/畜牧业/渔业/农、林、牧、渔服务业
采掘业	煤炭采选业/石油和天然气开采业/黑色金属矿采选业/有色金属矿采选业/非金属矿采选业/其他矿采选业/采掘服务业
制造业	食品、饮料/纺织、服装/皮毛/木材、家具/造纸、印刷/石油、化学/塑胶、塑料/电子/金属、非金属/机械、设备、仪表/医药、生物制品
电力、煤气及水的生产和供应业	电力、蒸气、热水的生产和供应业/煤气生产和供应业/自来水的生产和供应业
建筑业	土木工程建筑业/装修装饰业
交通运输、仓储业	铁路运输业/公路运输业/管道运输业/水上运输业/航空运输业/交通运输辅助业/其他交通运输业/仓储业
信息技术业	通信及相关设备制造业/计算机及相关设备制造业/通信服务业/计算机应用服务业
批发和零售贸易	食品、饮料、烟草和家庭用品批发业/能源、材料和机械电子设备批发业/其他批发业/零售业/商业经纪与代理业
金融、保险业	银行业/保险业/证券、期货业/金融信托业/基金业/其他金融业
房地产业	房地产开发与经营业/房地产管理业/房地产中介服务业
社会服务业	公共设施服务业/邮政服务业/专业、科研服务业/餐饮业/旅馆业/旅游业/娱乐服务业/卫生、保健、护理服务业/租赁服务业/其他社会服务业
传播与文化产业	出版业/声像业/广播电影电视业/艺术业/信息传播服务业/其他文化产业

做基本分析时，了解一只股票所处的行业是远远不够的。我们还要学会判断这个行业是“朝阳行业”还是“夕阳产业”。如一个上市企业属于朝阳产业，那么它面临机会就会越多，实现盈利甚至高速盈利就会更容易。

2. 行业特征。行业之间的差异性决定了它们必定有各自的特征，了解行业特征对于我们做基本技术分析也是十分有帮助的。一般来说，行业特征主要有以下几个区分点：

（1）增长型行业。

增长型行业的发展状态与国民经济活动的周期及其振幅无关，它们的收益及其股票价值往往由其自身状态所决定。这类行业多数有着良好的新市场前景（因而不与传统市场的景气周期同步），拥有可靠的技术优势和优异的服务产品。

（2）周期型行业。

所谓周期型行业就是其发展势头和国民经济周期密切相关的企业。当国民经济处于上升时期时，这些行业会紧随其扩张；当国民经济出现衰退时，这些行业也会随之萎靡。这样的行业多数是传统型产业，而且多数是制造性企业。通常而言，制造性企业受国民经济周期的影响比较大，比如钢铁行业、机械行业、有色金属行业等。交易者在投资这样的行业时，其优点在于容易通过国民经济周期的高、低点来判断股票的高、低点，从而把握有利的出入场时机；其缺点在于它们无法使股价长期保持总体上升的趋势。但就中国股市目前的情况来看，几乎所有的股票都会随着牛市和熊市的转换而上下起伏，几乎都具有“周期性”的投机特征。

（3）防御型行业。

所谓防御型行业，是指那些经营收益不受国民经济周期影响的企业，它们虽然不一定会一直保持效益的持续增长，但至少在国民经济不景气或股市走熊时，还能保持稳定的获利水平和良好的股价抗跌能力。它们的获利稳定性来自于市场稳定的需求状态，这些行业里的企业通常属于特定消费资料的供应企业，而且往往是必需消费品的供应企业。例如食品业、医药业和公用事业就属于防御型行业，因为无论经济多么不景气，人们对食品、医药、水、电、煤气等的需求总是少不了的，所以这些公司的收益就相对稳定。但在国民经济不景气或股市走熊时投资于这些行业，显然已不是为了获取股票差价收益，而是为了获取稳定的股息所得，或为了保持既定的资金入市比例而不得不投资于这些收入较为稳定的企业，以抵抗熊市的持续性冲击。

3. 行业生命周期。每个行业除了会同国民经济发展保持一定的关联外，其自身也都要经历一个由初创到衰退的发展过程，这个过程便称为行业的生命周期。一般而言，行业的生命周期可分为四个阶段，即初创阶段、成长阶段、成熟阶段和衰退阶段。

（1）初创阶段。

在这一阶段，新行业刚刚诞生，只有为数不多的创业公司投资于这个新兴的产业。由于此时的初创投资和产品的研究开发费用较高，而产品市场的需求较小，导致销售收入较低，因而这些创业公司在此阶段普遍没有什么盈利，甚至常常出现亏损；同时，较高的产品成本和价格与较小的市场需求还使得这些创业公司面临很大的投资风险、财务风险和破产风险。但在初创阶段后期，随着行业生产技术的提高、生产成本的降低和市场需求的扩大，新行业便逐步由高风险、低收益的初创期转向于高风险、高收益的成长期。因此，处于这一阶段的企业更适合于投机者而非投资者，比如一些新兴的互联网公司和生物制药公司等。

（2）成长阶段。

在这一个阶段，新行业的产品经过广泛宣传和消费者的试用后，逐渐赢得了大众的欢迎，市场需求开始上升，新行业随之繁荣。由于市场前景良好，投资于新行业的厂商开始大量增加，产品也逐步从单一、低质、高价向多样、优质和低价方向发展，导致新行业出现了生产厂商和产品的相互竞争局面。这种状况会持续数年或数十年，直至出现资本和技术力量雄厚、经营管理有方的企业各霸一方的局面。那些财力与技术较弱、经营不善或新加入的企业，则往往被淘汰或被兼并。因而这一时期企业的利润虽然增长很快，但所面临的竞争风险也很大，破产率与合并率相当高。在成长阶段的后期，由于市场需求基本饱和，产品销售增长率减慢，迅速盈利的机会减少，整个行业开始进入稳定的成熟期。这一阶段是行业和企业快速发展的阶段，同时也是利润可见、风险可察的阶段，很多优质企业的股票因此被称为成长型股票，获得了大量投资者的青睐。

（3）成熟阶段。

行业的成熟阶段是一个相对较长的时期。这一时期里，在竞争中生存下来的少数大厂商垄断了整个行业市场，每个厂商都占有一定比例的市场份额，且由于彼此势均力敌，其市场份额发生变化的程度较小。厂商与产品之间的竞争手段也逐渐从价格手段转向于各种非价格手段，如提高产品质量、改善产品性能和加强售后服务等。而行业的利润则由于一定程度的垄断达到了很高的水平，但风险却相对稳定。新企业则很难和成熟型大企业相抗衡，往往会由于产品销路不畅或资金周转困难而倒闭或转产。此时，行业增长速度将会降到一个比较适当的水平，而某些行业的增长则可能会完全停止甚至出现下降，但由于技术创新等原因，某些行业可能还会有新的利润增长点。这一阶段的优质企业的股票，往往被称作绩优股，被机构投资者所持有。

（4）衰退阶段。

行业的衰退阶段往往出现在行业已经有了很长的稳定阶段之后。此时，由于新产品和大量替代品的出现，原行业的市场需求开始逐渐减少，产品的销售量也开始下降，某些厂商开始向其他更有利可图的行业转移资金，导致原行业出现了厂商数目减少、利润下降的萧条迹象。至此，整个行业便进入了生命周期的最后阶段。在衰退阶段里，市场逐渐萎缩，厂商逐步减少，利润不断下降。当正常利润无法维持或原有投资折旧完毕之后，整个行业便逐渐解体了。这一阶段的上市公司股票，对于中国股市而言，往往还有重组的特殊价值，因而也是投机者的偏爱对象。

可见，长线交易者在选择上市公司时，尤其要关注其所属行业的生命周期问题。过早地进入一个行业，其投资的风险比较大，收益的时间也比较漫长；而太晚地介入一个行业，同样也面临着投资风险巨大、收益日渐微薄的处境。对于那些初创期的行业和即将没落的“夕阳产业”，交易者要谨慎对待。

此外，交易者在进行行业分析时，不能只顾分析行业自身的周期性问题，还要结合上、下游行业同时进行分析。比如钢铁行业的上游行业是铁矿石和煤炭等行业，它们的涨价与否直接关系到钢铁行业的成本和利润问题；而钢铁行业的下游行业是汽车制造业、机械制造业、建筑业、家电业等，它们的发展速度和发展空间也直接关系到钢铁行业的发展速度和发展空间问题。

最后，我们讲一下企业层面。这也是一个十分重要的内容。

在对一家企业做基本分析时，我们必须要得到以下三条信息：

1. 这家上市公司的业绩是否能够持续增长。因为只有业绩存在增长，股票价值才会不断地增长。

2. 这家上市公司是否愿意分红以及分红多少，公司业绩再好，不愿意分红，对于长期持有其股票的投资者就没有意义。

3. 当前这家上市公司的股票是否合理，是被低估还是被高估了？是否存在买入机会？

想要得到这三方面的信息，我们就必须深入细致地去了解这家公司的财务状况、经营情况、管理水平、技术能力、市场大小、行业特点、发展潜力等一系列因素。

作为一名新手，如果只做一些技术层面的分析，势必会蒙蔽自己的双眼。所以，基本层面的分析是必不可少的，只要新股民能够避开“技术”陷阱，从宏观层面、企业层面和企业本身三个方面着手，对股票进行分析，那么就能够更好地了解和理解一只股票，做到心中有数，脚下有路！

第六节　喜欢追涨杀跌

谈到追涨杀跌，很多人并不陌生。这是股市中的一个常见名词，也是很多股民每天都会进行的操作。为了方面读者进行更加深刻的理解，我们首先对追涨杀跌做一个简单的解释。

所谓的“追涨杀跌”指的是投资者在看到股票上涨，尤其是出现涨停板的时候，及时追进去，这叫追涨。当股票出现了下跌，尤其是大幅下跌的时候，就割肉出局。追涨杀跌放在广泛意义上来讲，它是一种短线搏杀的技巧，有些短线高手可能会在这个过程中有明显获利。但大部分人利用这种短线搏杀的技术通常会出现失误率比较高，挣少亏多。所以，我们要在这一节重点讲一讲这个话题。

以我多年的从业经验来看，我们遇到很多投资者采用这种策略，但是真正盈利的人却很少。尤其在牛市之中，采用这种策略是非常不理性的。牛市中，很多牛股会出现几倍甚至上十倍的上涨。投资者最好的策略是精选个股发掘牛股，耐心持有。而追涨杀跌需要很高的心理素质和短线技巧，绝大多数很难把握。很多投资者对追涨杀跌的基本特征都不了解，如换手率。

很多人连换手率都不清楚就去追涨杀跌，即使追到一只强势股，大多数时候也是不敢持有的，因为心里没有底。他不知道股票到底会涨多少，又该依据什么情况来判断。同时以追涨停板的方式来买入股票，往往伴随着一旦出现调整就大幅杀跌。很多投资者可能每一次去追涨的时候，赚了 5%、6% 个点就出局。但是一旦出现下挫的时候可能要割掉 10% 才能出仓。对此，我也有亲身的经历和感触。

我有一个同学，他是一名事业单位的职工，工作不是特别忙，闲暇的时间较多，没事的时候要么就打打牌，要么就炒炒股。我跟他的接触也不少，发现他在炒股时有这样一个习惯，只要没事，他就会整天盯着盘面，看十几分钟关掉页面，不到 1 分钟后又会重新打开。而且他对价格波动十分敏感，涨一两个点、跌一两个点心里都会有很大的起伏。

在2014年上半年，我敏感地预测股市已经出现了明显的变化，但出于保险，我并没有及时告知朋友们这个想法，直到2014年10月底，我才在朋友圈发布了一条微信：股市已经发生了很大的改变，牛市可能进入牛市启动阶段，喜欢玩股票的朋友要注意了！

当行情突破2400点的时候，我判断股市已经进入牛市周期。我的这位同学在11月中旬打电话向我咨询了这一情况。他三年之前就已经买入了一只股票——ST大荒。我当时给他建议，换掉ST大荒，换成朗玛信息（300288）。

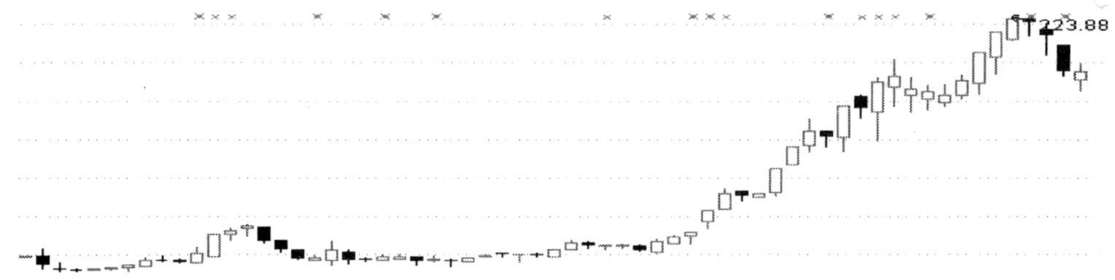

图3－2　朗玛信息（300288）

在11月24日他以128.7元买入了1 000股朗玛信息。如图3－3所示。

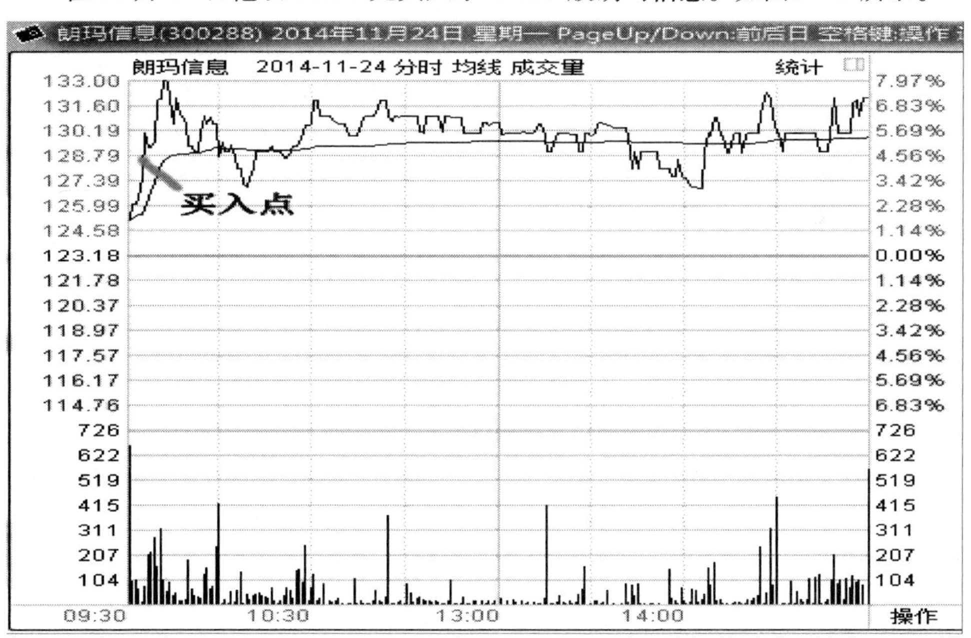

图3－3　朗玛信息买入点

结果第二天，朗玛信息出现了一点下探，他就打电话给我，在电话中，他极为焦躁，明显有点乱了阵脚。我当时安慰他，让他再观察一段时间。我说，朗玛信息刚刚启动，不要太担心，这只股票至少能够看涨到 170 元。结果，11 月 26 日，当价格涨到 131 元时，他终于按捺不住，立刻卖出了手中的 1 000 股朗玛信息。如图 3－4 所示。

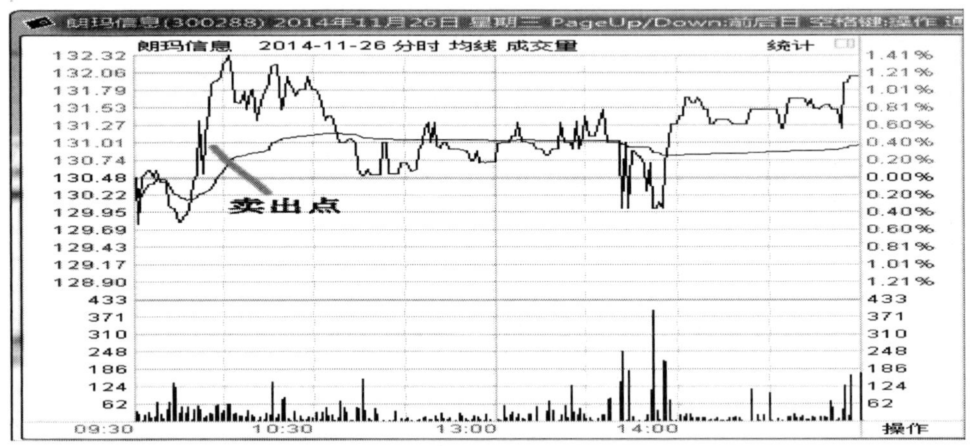

图 3－4　朗玛信息卖出点

11 月 27 日，这只股票在开盘之后，很快在 145. 2 元时涨停，结果他又在接近涨停的 144. 7 元买入 1 000 股。如图 3－5 所示。

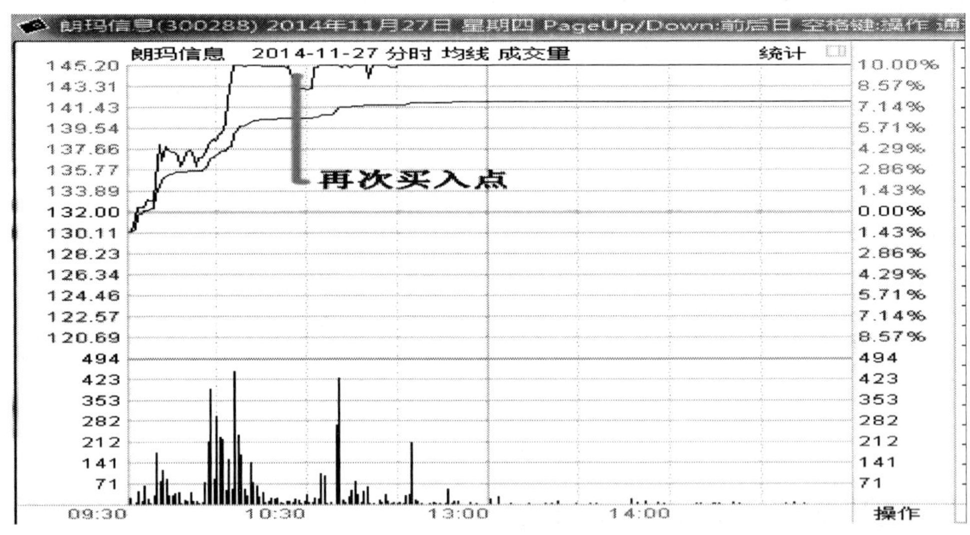

图 3－5　朗玛信息再次买入点

11 月 28 日，朗玛信息高开高走，最高上涨到 154. 5 元，随即又出现了震荡。如同 3 –6 所示。

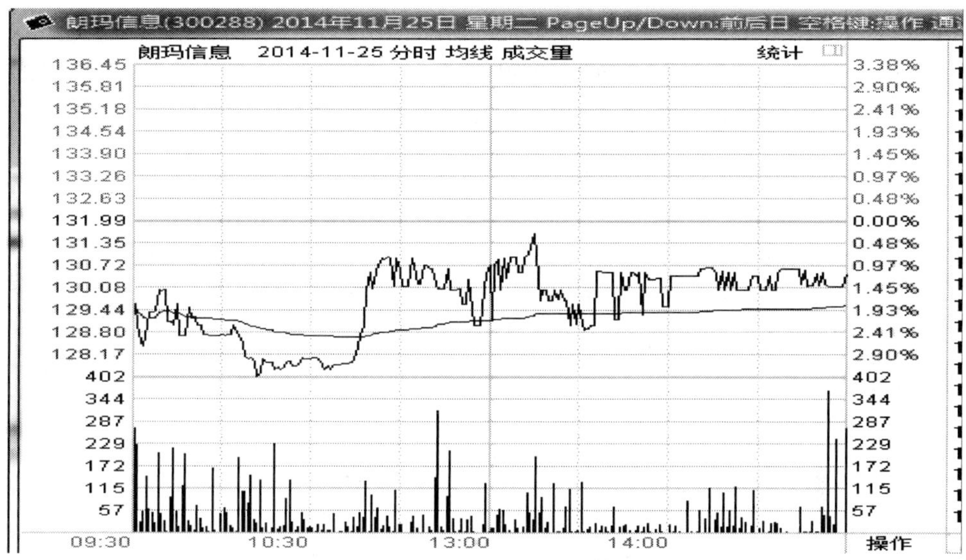

图 3 –6　朗玛信息全天出现震荡

他心里开始着急了，在股价回落到 151. 4 元的时候，又全部卖出。如图 3 –7所示。

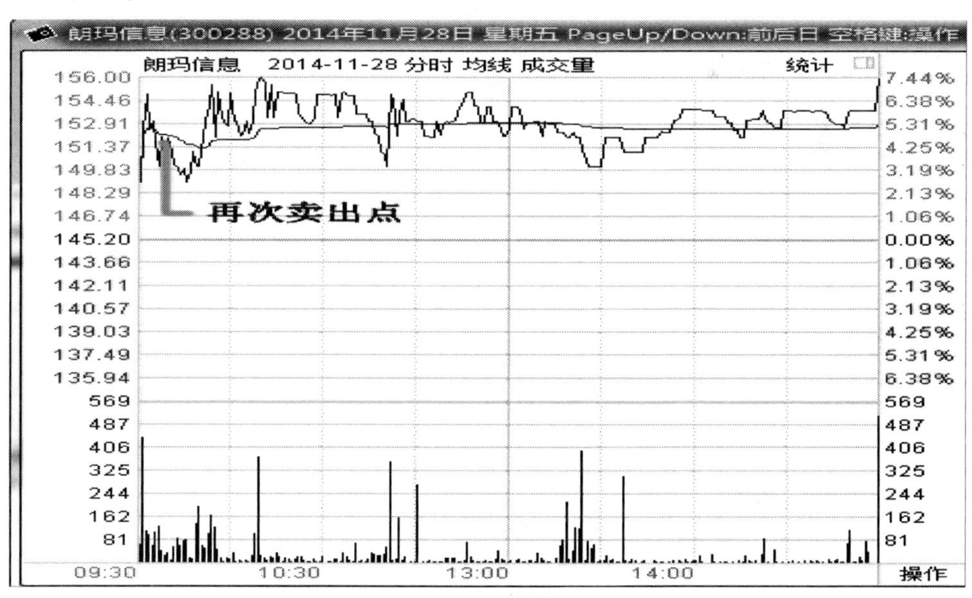

图 3 –7　再次卖出点

卖出之后，他又打电话给我，问我有没有其他的股票，他说这只股票的价格太高。于是我建议他买入方正证券。

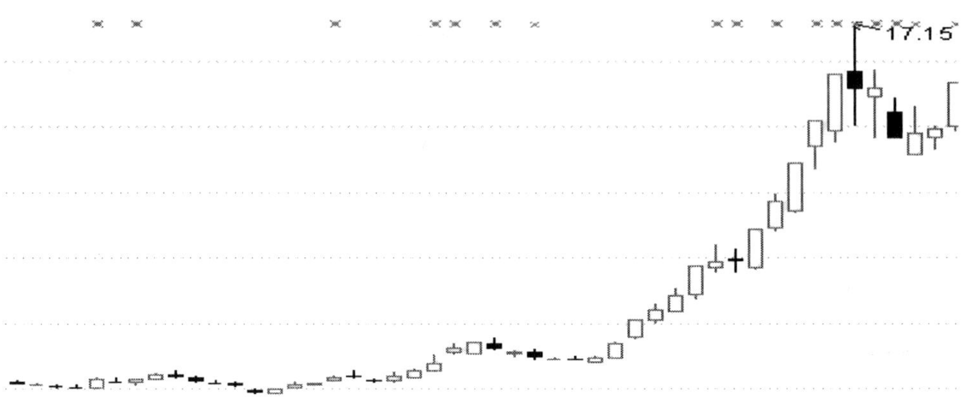

图3－8　方正证券2014年10－12月份走势图

12月1日，我告诉他，方正证券只要出现下探就可以大胆买入。结果，当天早盘出现了明显的下探，一度跌到了9.56元，但他不敢买，结果很快就出现了反弹。当上冲到10.1元的时候，他立即买入。如图3－9所示。

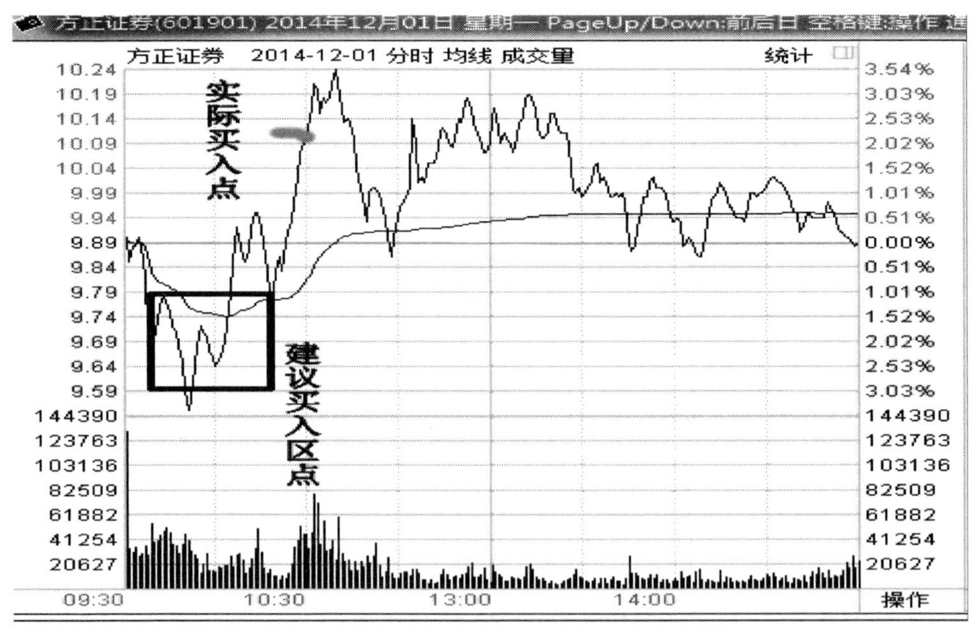

图3－9　客户买入的价格远远高于我的建议买入区点

第二天，方正证券在接近午盘时涨停，但盘口没有马上封死，在打开的时候，他就在10.72元时全部卖出。如图3-10所示。

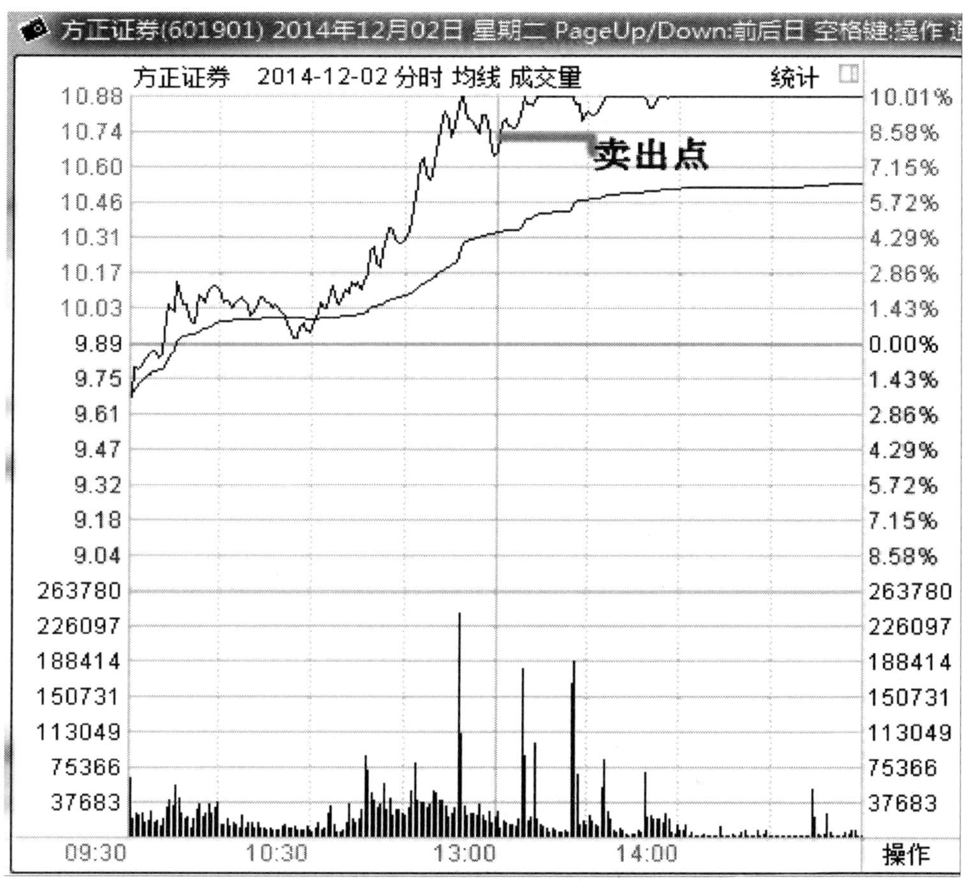

图3-10　方正证券卖出点

结果第二天，方正证券又大涨，他没敢再次买入。第三天，方正证券继续大涨，结果他又在上涨到7个点——12.5元——时再次买入。如图3-11所示。

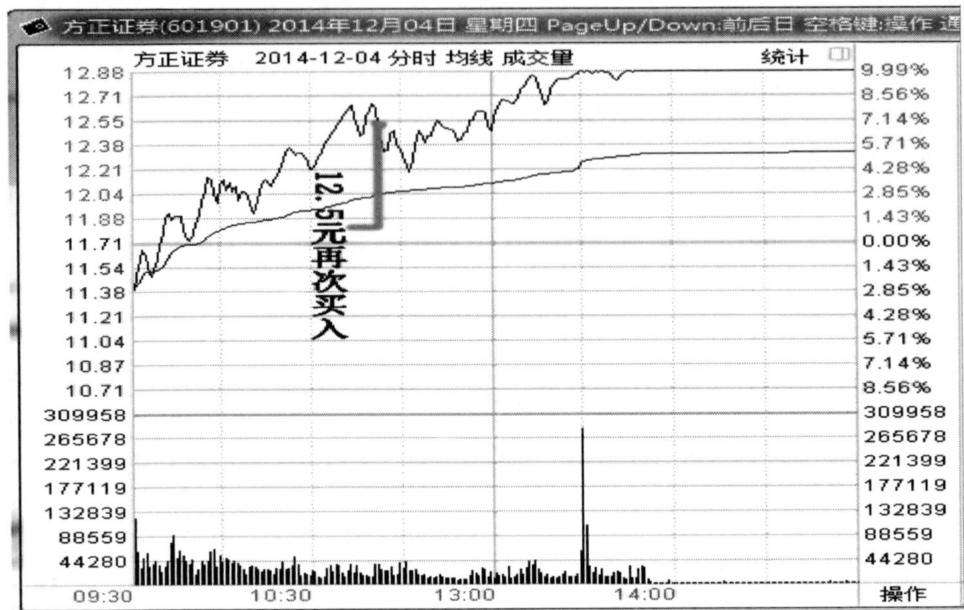

图 3－11　方正证券再次买入点

12 月 5 日，方正证券又是大涨，一度涨停，在 10 点 30 分的时候，突然出现了剧烈震荡，一度翻绿。结果他又在接近 13 元时全部卖出。如图 3－12 所示。

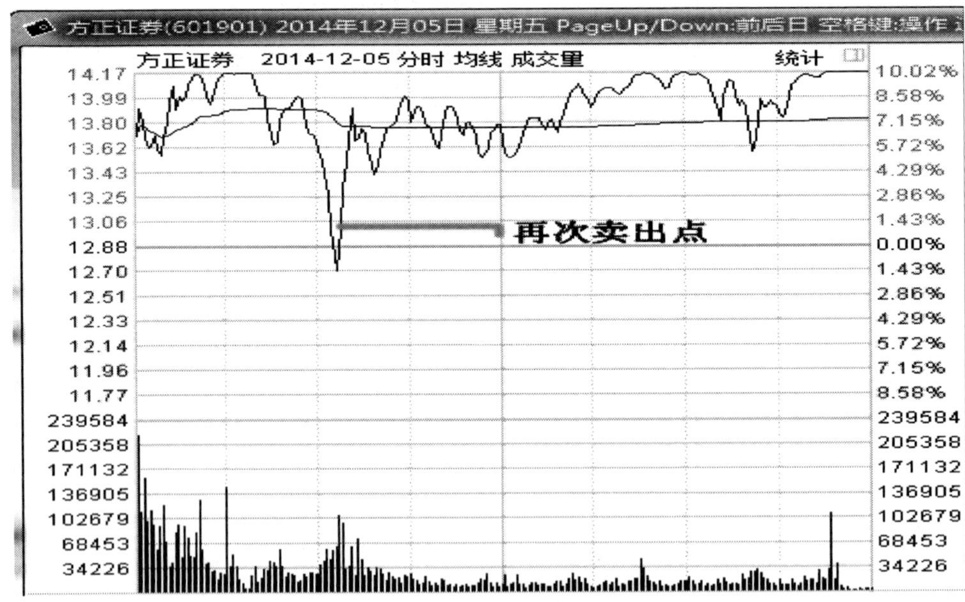

图 3－12　方正证券再次卖出点

两个星期的交易下来，他的总盈利没有超过12%。其实在这段时间，给他推荐的两只股票都是牛股，如果他能够耐心持有，总盈利将超过35%。所以后来我半开玩笑地对他说，其实你这不是赚了，是亏了呀！

从我这个朋友的亲身经历就可以看出来，即使他利用追涨杀跌的方式找到强势股票，但真正能赚到手上的钱并不多，而且每天都提心吊胆，所以这种盲目地追涨杀跌的搏杀策略我们并不提倡，做什么事情有备则无患。一定要清楚什么策略是最优的。

第七节　过分关注短线交易，不看大势

股票市场是一个专业的市场，也是一个高风险的市场。要想在这个市场如鱼得水，成为盈利高手，就必须学习专业知识和技巧，但是，光学习一些专业知识和技巧还不够，因为中国的股票市场是一个存在制度缺陷的市场。所以要想在这个不成熟的市场实现获利，就要懂得这个市场的总体运行规律，又要懂得一些专业的交易、分析知识。但是我们现在很多投资者都会产生一种倾向，迷恋于各种技术交易技巧、交易的游戏规则，而忽略了从整体上把握股市运行规律，以及做一个整体的交易规划等细节。确定一个适合自己的科学交易计划很重要，我们很多投资者迷恋于做一个战术专家，而不愿做一个战略家。而从世界投资史来看，真正能够实现从金融市场直接获利的都是投资战略家，而非战术投资者。在长期从业经历中，我发现有些投资者对一些战术的各种交易技巧、交易规则的迷恋已经到了一种疯狂的地步。

以下是一位投资者一年前给我发的一封邮件，在邮件中，他谈到了自己对“破位”的理解。

> 在大盘和个股的日常走势上，投资者经常会遇到股指或股价跌破了重要的价位，也就是“股指破位”或“股价破位”的情况。一般来讲，股价破位有多种多样的类型，既有技术分析方面的破位，如某些技术指标的破位、K线形态的破位等，同时也有趋势层面的破位，如技术形态的关键性跌穿、中长期均线支撑的向下穿越等。破位走势的出现，有的可能是中长期转势的逆转，有的可能是正常的股价短期调整。因此，对于不同类型和不同性质的破位要有不同的应对措施，不应一概而论。
>
> 第一，是股价从高位盘整区出现的破位现象。这种情况多发生在一些长时间高位运行的庄股上。如果该类个股以放量跌停或大幅向下跳空等长阴线方式跌破此前的盘整区，基本上都会伴随着股价的连续“跳水”。由于破位后跌幅极大，持有股票的投资者应在破位的第一时间减仓出局以避

免不必要的损失，而不应抱有侥幸心理。

第二，是股指在大盘一些关键点位上出现的破位。由于历史原因大盘所形成的重要底部和一些关键性的整数关口，一般都具有较强烈的技术支撑和心理支撑作用。在没有重大利空的情况下，在这些相关点位被跌破后，通常会引发大量短线资金的介入而出现反弹，此时的破位常是市场短期见低的信号。如果在破位前投资者采取谨慎观望策略的话，那么一旦破位出现后，则不应跟风杀跌，反而可以考虑通过适当参与把握短线的机会。

第三，是跌穿中长期均线所形成的破位。如果盘中跌破这类均线，则不必急于采取行动。但若是有效突破，则应引起注意。因为这种情况多代表着中期下跌趋势的确立和形成，股价此后的较长时间内仍会继续调整。例如，60 日均线被跌破一般意味着波段性高点已经形成；120 日半年线的跌破表明中线调整趋势已经开始，这时应离场观望。

第四，是技术形态分析上的破位。如头肩顶或双重顶的颈线位，上升趋势线，箱形整理的箱底位，以及三角形整理的底边线等。技术形态上的破位一般发生在这些形态的末期，此时多会伴随着成交量放大的情况出现。破位之后调整的深度主要取决于技术形态的大小。形态越大，持续时间越长，破位之后调整的空间也会越大。不过由于技术形态在破位之后短时间内可能还会出现对颈线位的反抽确认，如果没有在形态刚刚破位时出局，则这时的机会就不应该再被错过。

第五，就是各种指标发出的破位信号。例如布林线中轨的跌穿，SAR 指标的变绿，MACD 指标的高位交叉，等等。投资者需要注意的是，在运用技术指标来判断股价或股指的破位时，应当尽量以趋势类指标和中长期指标的信号为准。因为短线指标，如 KDJ 等，对股价的变化过于敏感，常会出现假破位的情况。另外，在研判技术指标的破位信号时，还要多结合基本面的因素以保证操作的准确性。

当看到这份邮件时，我的第一反应是佩服，作为一名普通投资者，他能够对一个技术名词进行如此深入的研究，说句玩笑话，证券公司应该给他颁发一个“交易贡献奖”。但假如按照他的这套理论发展下去，我们每时每刻都要担心我们买卖的股票是否破位。换句话说，我们随时要准备下一次交易，这会引导我们进入频繁交易的大漩涡当中去。

所以，通过这个例子我们希望能够让大家认识到一个问题，我们把大部分精力，甚至所有的精力不厌其烦地放在战术的交易技巧和交易规则当中，有时我们会让自己感到迷茫，走入歧途。这就如同一个层次建设一样，若你对层次的发展没有一个总体的战略认识和定位，你就不可能做出一番具有前瞻性的规划。没有前瞻性的规划，即使有些道路、桥梁、建筑你建设得再漂亮、再精致，可能过了几年你的这些建筑和桥梁将不得不成为拆迁的对象。我们做投资的战略和这个道理是一样的。

我们对趋势要有一个总体的认识，要在牛市当中介入市场，在熊市中果断地离开市场，在牛市中要把握龙头板块，敢于持股，敢于满仓操作，做一个总体的交易布局和交易计划。即使你在个别的交易过程中，买入点位和卖出点位并不是特别理想，但你的交易获利将远远比那些天天进进出出、追涨杀跌、少资金买众多股票的投资者的盈利要大得多。

在 2006 年的时候，我刚好碰到两个这样典型的人物，一位是我的表亲，另一位是来自四川的客户。这年 4 月 20 日，我同时推荐两人买入云南铜业(007878)。我的表亲以 7.97 元买入（当时他并未告诉我买了多少手），而我的客户在 7.86 元时买入 7000 手，在 7.92 时元又买入了 4000 手。

图 3－13　云南铜业（007878）2006—2008 年走势图

我告诉客户，现在有色金属是龙头板块，要波段操作、中线持有。客户对我们的观点和理念非常认可，在我们操作过程中，他从来没有提出任何的异议。同时，我也把这一理念告诉了我的表亲，希望他能够按照我说的去做。但我的这位亲戚是一个闲不住的人，只要三天不交易，他就手痒。他还经常打电话向我请教一些技术指标的问题，有时一个电话就要说上半个小时。

结果一年之后，我问我的表亲赚了多少钱，他说自己还没赚到20%，后来我打开他账户一看，7万元资金他最多的时候买了7只股票，平均持有1只股票的周期不会超过4天。而我的这位客户买下的云南铜业股在一年多之后涨到了73块，中间还利用半仓做了两次小波段，之后，我们在73元时帮他清仓，在他本金不足10万元的情况下，为其创造了超过75万元的纯收益。在这个过程中，我向12位亲友、同学推荐了云南铜业这只股票，但是真正持有一年以上的没有一个人。而这些人换来换去，最终收益也没有一个人能赶得上我这位客户的一半。

这便是战术投资者和战略投资者的区别！

第八节　没有主见，完全被市场牵着鼻子走

很多投资者做股票缺乏节奏感，每天在市场里不是买就是卖，反正没闲着，好像买了就能赚钱，不买就会错过黑马，10 万元的资金恨不得做出 1 000 万元的交易额出来。由于太过急功近利，一部分人在买卖之前很少去研究大盘和个股，更谈不上充分的思考，一看到上涨就心痒，一看到跌就想换仓。在整个交易过程中没有一点耐心和平常心，而自己的选股完全取决于沪深股市涨跌前十的排行榜，看到上海的一只股票涨停，不管这个消息是否可靠，题材是否完整，马上又买进另外一只上海股票，结果第二天就会发现龙头股会继续上涨，你的股票却没什么表现。

当市场热点一过，板块开始轮动的时候，自己又没有思想准备，这就会造成一个直接的后果——抓不住龙头。当龙头上涨两三天之后，与之相关的股票开始上涨，投资者又想追进。但此时子板块可能就已经进入尾部行情了，龙头可能持续上涨，相关股票可能会出现剧烈震荡，而此时，已经是错过了买入的最佳时机。

为什么要控制操作节奏？在此我举几个很简单的例子：

某散户跟着庄家买了一只好股，买入的价格只有 5 元。过了几天之后，价格上涨到 5.5 元了，他觉得自己已经赚了，担心价格会出现下跌，于是迫不及待地出手兑换盈利，结果该股票在接下来的这段时间内一直疯长到 10 元。

又比如，某散户在一年的时间内亏掉了 20 多万元，本金剩下不到 1 万元，这其中手续费都花掉了他 6 万元。某投资人跟着庄家买了一只好股票，也买得很低，比如 6 元买进，过了几天，该股票涨到 6.5 元，他觉得赚了 8 个多点了，于是迫不及待地跑掉了。结果该股票一直涨到 10 元以上。

再比如，某股民买了 10 只股票，每天上班的时候都惦记着行情，天天看盘，不看不要紧，看完之后，他就无法坚持自己既定的“作战计划”了，又去买不该买的股票，卖不该卖的股票。

这样的事情也曾发生在我身边。

2005 年初的时候，我遇到这样一个客户，他是铁路系统的一名普通职工。他算是一个老股民了，之前也小赚了几笔。在 2005—2007 年的这波牛市中，他十分幸运地打中一只新股。但在操作时他出现了很严重的问题，这导致在 2005 年 11 月份到 2006 年 7 月份这波大牛市当中，他不但没有挣到钱，还出现了亏损，其账户总额从 13 万元变成了 11.9 万元，亏损了 1 万多元。在一年之中，他总共买了 100 多只股票，其中我重点给他推荐了"山东黄金"的股票，他前前后后买入了 11 次，但每次都是赚了两三个点出来，看到调整之后又亏两三个点出去，于是乎，在"山东黄金"这波急剧上涨的行情中（如图 3－14）他都没有赚到钱。

图 3－14　2005—2006 年山东黄金走势图

后来我找了一次机会与他深入交流了一番，我问他："你为什么总是被市场牵着鼻子走呢?"

他向我吐露了自己的心声，他说："每次我看到别的股票涨停，而我的股票却没怎么动，心里就有些不平衡，就想试一试运气，追进去，每次追进时股票都已经上涨了七八个点，但并不是每次都能如我所愿而涨停，有时还会冲高回落，这让我倒了大霉了。"

我了解他的情况，他工作很忙，对这方面也不懂，所以盘面出现变动之后再去跟进，缺乏预见性，完全是跟着感觉走，怎能不吃亏呢?

后来我就跟他强调一个观点：不要想着去赚市场上的每一分钱，不要奢望自己能够抓住每一个热点、每一个题材、每一个龙头，你只能跟自己比，不要跟别人比。后来，他听从我的建议，只做两个板块——有色和券商。因为我本身对大众商品是比较熟悉的，我判断当时的大众商品正进入一个牛市的周期当中，所以我对有色板块还是比较有把握的，这也是我强力推荐“山东黄金”给他的原因。

在这次谈话之后，他并没有完全改变自己的操作风格，但他听从我的建议，对有色和券商进行了较多介入，在2006—2007年还是取得了一定的盈利，盈利最大的一笔来自于锡业股份（000960）。

“没有节奏感”从表面上看是由心态导致的，但实际上，这是缺乏科学交易习惯的一种表现。节奏既是一种技术，也是一种心态，需要长期面对市场，经历盈亏的多次考验才能获得的一种投资修行。节奏的控制表面来看确实是十分复杂的，但只要我们把握好以下几点，控制节奏也并非是一种难事。

第一，抓大。在大的上升波段的起点或大的下降波段的起点，进行满仓或者空仓。因为大波段的周期一般都比较长，容易判断，这一点投资者也很容易判断。

第二，控中。也就是在中间波段按风险系数进行控制。中间波段的周期一般也会持续一个月甚至数个月，这相对来说也是比较容易判断的。

第三，放小。一天、几天、十几天内的波动是很难判断的，所以要尽量不去理睬，面对短期波动要做到心如止水。

以上这三点总结起来就是“抓大、控中、放小”原则。这是一个简单的节奏控制，如果能够坚持去做的话，对控制节奏会起到很大的帮助。所以，在这里，笔者也建议投资者多去关注大波动，而不是死盯着动态行情表，这样的话就一定能够减少犯错。

这是一个简单的节奏，一个简单的计划。但你一定要坚持去做，劝大家多关注大波动，少去看动态行情表，到该操作的时候再去看，一定会少犯许多错误。

股品可以反映一个人的性格。而控制节奏也不是一蹴而就的事儿，但我坚持认为，再难也要坚持，如果做不到，在股市当中无疑会率先处于下风！

第九节 不敢大胆持有股票

牛市和熊市的操作风格是完全不同的。在熊市中，我们一般会建议投资者不要参与市场交易，要学会休息，但很多投资者却无法做到。有些投资者在长期实践当中已经学会了在夹缝中求生存的能力，灵活地把毛主席创立的“游击战”理论运用到了股市当中。

我见过这样的一位投资者，他在2007—2013年这段大熊市中总体上没有亏损，还创造了20%的盈利。当这位朋友将他的账户拿过来给我们做了简单的分析和研究之后发现，他坚持了一套自己的操作手法，具体来说有以下几点：

1. 启动前是原幅底，底部的构筑时间不低于一个月，第一次出现涨停追进去，第二天没有继续涨停则在冲高之中卖出股票。

2. 第二天出现下跌，只要下跌幅度超过3%，那就马上止损出局。

3. 只做盘子少于3个亿的股票。

4. 不做业绩出现亏损的股票。

这位投资者的操作手法是具有一定代表性的，它充分反映了我们很多投资者在中国股市这个“熊长牛短”的股市运营周期学会的一种逃生术。

但现在我们讨论的是，如何在牛市中实现盈利最大化。

牛市运行特点与熊市运行特点存在着很大的差异，在牛市中有些板块和股票会得到持续的表现。敢不敢持有股票将成为实现高盈利的关键。我们现在来看两个投资者很熟悉的股票作为例子来说明这一点，以下是中国船舶在2005—2007年的这波大牛市中的表现（如图3－16），从最低点到最高点上涨近60倍，若考虑到股改和红利因素，其收益将超过60倍。虽然这是理论上的一种计算，但投资者要是能够发掘这只牛股，敢于持有，获利十倍还是有可能的。

我们80%的散户投资者在一波牛市过后，获利都很难超过本金的三倍。所以，能不能耐心持有股票将成为实现高盈利的关键因素。

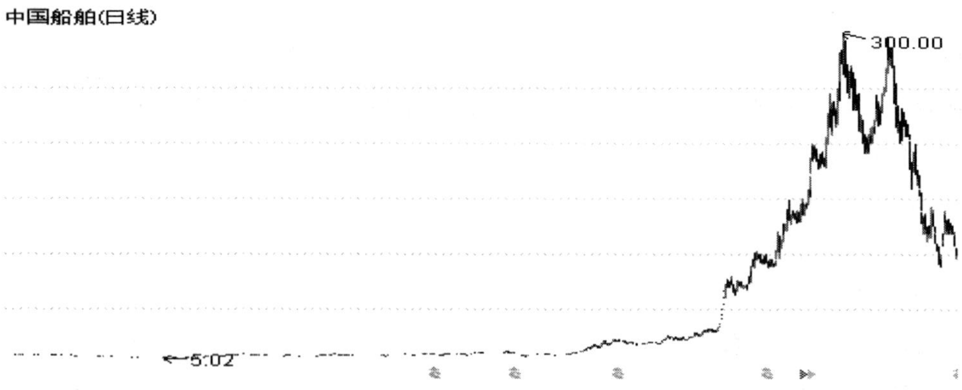

图 3－15　中国船舶（600150）在 2005—2007 年的大牛市中上涨了近 60 倍

其实这个操作要领理解起来不难，但要做到这一点却很难。投资者不敢大胆持有股票的原因是多方面的，我们大致梳理了一下，总结出来有以下两点：

1. 缺乏一套科学的选股系统。很多投资者买卖股票都是依靠一些碎片化的信息，例如不加甄别地听从别人的意见，或者借助自己所学到的一点理论、技术皮毛。这样就产生了我们经常见到的两类投资者，一类是“随波逐流派”，另一类是“迷恋技术派”。这两类人归根结底都是缺乏一套科学的选股理论。

图 3－16　平安银行（000001）2005—2007 年走势图

2. 恐惧和贪婪的心理造成一部分投资者随意更改自己的选股标准。很多投资者以“价值投资者”自诩，但在实际操作中，他们经常追涨杀跌、频繁换仓，以各种技术指标作为自己买入和卖出的依据。根本没有系统地去研究股票的价值。甚至有些人连价值投资的一些最基本的判断标准都不清楚，如“市盈率”。而那些自诩“技术派”的投资者一旦买入的股票被套之后，就死守，马上会转变成“价值投资者”，还有一些投资者甚至从来没有建立过自己的“自选股票池”，每天看到哪只股票在开盘快要涨停时就追进去，第二天冲高就卖出。其实，在他们追涨杀跌的过程中，已经有很多牛股可能就此错过。

所以，我们今天强调在牛市中一定要敢于持有股票，这是建立在投资者有一套符合自己风格的科学选股系统的基础上的。一旦投资者经过一段时间的实践之后，拥有了一套科学的选股系统，一定要持之以恒地坚持下去，同时敢于持有股票。

第四章 新牛市具有哪些特征

第一节 股指期货背景下的第一次牛市

中国股市长期以来都是一个单边市场，没有做空的工具。直到2010年4月16日，中国推出了股指期货，这是中国股票市场的一个巨大的进步。投资者有了可以防范风险和套利的工具，短期内也许对市场的影响并不明显，但就长期而言，对推进整个市场的理性发展和市场结构的转变有着深远影响。

这次牛市是在股指期货推出后的第一次牛市，它必然会对整个大盘走势和沪深300样板股产生深刻的影响。具体可能会产生以下几个方面的变化：

1. 将大幅提升大盘蓝筹股的投资价值。大盘蓝筹股由于具备盘子大、业绩优良、流动性强等优势，很容易受到主力资金的青睐。而股指期货推出之后，机构投资者必然会大量地掌握大盘蓝筹股的筹码，这样才方便对大盘走势具备更强的话语权。而股指期货也是以沪深300为基准，沪深300必然会成为机构投资者必备的资产。同时，机构投资者为了进行透支保值，还会配置许多蓝筹股作为基础仓位战略持有。而在目前的沪深300中，部分股份经过长时间的下跌后，已经严重被低估。所以这次牛市启动后，沪深300明显跑赢大盘，成为市场上涨的主要动力，所以这次牛市的技术要持续深入地推进，沪深300必然会成为机构投资者重点持有和拉升的股票。所以广大投资者一定要对沪深300股票密切留意。尤其是银行、券商、保险三大板块。

2. 将深刻地改变中国资本市场的投资结构。在股指期货推出之前，中国的资本市场是以中小投资为主，机构投资只占很小的比重。而这种投资结构会导致投资者更关心上市公司的股本结构、题材，哪些股票更容易被操纵。所以很多股票在一段时间出现暴涨之后，由于缺乏业绩支撑，庄家一出货，股价就可能被打回原形。市场始终沉迷于过分的投资和讲故事。造成市场容易出现暴涨暴跌的行情，不利于股票市场长期健康的发展。而股指期货推出之后，可以增强市场的流动性和稳定性，同时可以提高股票市场的发展程度和层次。各种投资保值、套利等行为日趋活跃。同时也为机构投资者提供了一种规避风险的工具。而这些中小投资者难以参与，这将大大促进机构投资者的发展。而最近这次牛市启动后，明显呈现一个“二八现象”，机构投资者已经开始逐渐掌握市场的主动权，价值投资逐渐成为市场的主流，中国股票市场可能借此机会真正进入一个机构投资者主导的时代了。

3. 可以吸引增量资金的入场，扩大股票市场的规模，增强市场的流动性。股指期货推出后，由于部分投资者需要对资产组合进行重新的配置，故短期内可能分流股票市场的资金，影响市场的交易量。但从中长期来看，股指期货推出后，使股票交易机制更加完善。多出了一种风险管理工具，这必然吸引更多的稳定型的资金进入股票市场。另外，利用股票现货和估值期货套利是一种风险较低的交易模式，能吸引很多套利资金入市，可见，从中长期而言，估值期货能够给市场带来大量的新鲜资金，提高股票市场的活跃程度。

这次牛市是在沪指期货运行 4 年之后的第一次牛市，中国的投资者的结构已经发生了明显的变化，机构投资者逐渐掌握了市场的主动权。所以，作为一个普通投资者而言，一定要对这个新的周期新的变化有清楚的认识，这次牛市将是一次价值投资的时代，机构投资的主导时代。我们必须确认这个历史的趋势，把握新的主线，紧密跟随机构投资者的步伐，才能跑赢大盘，在牛市赚得盆满钵满。

第二节 价值投资将成为主流投资方式

在中国股市前20年，尤其是20世纪90年代，投机充斥着整个市场。这种投机的投资方式很容易造成暴涨暴跌的局面。一些股票被推到神坛后又被迅速打回地狱。

这种投机的方式严重损害了市场的稳定性，挫伤了投资者的投资热情，对市场和投资者都会产生一种巨大伤害。现如今，这种投机式的投资方式已经被越来越多的人所摒弃。当年靠投机起家的林园等人也开始纷纷提倡价值投资。

那何谓价值投资？

价值投资最早可以追溯到20世纪30年代。它是由哥伦比亚大学的本杰明·格雷厄姆创立，经过沃伦·巴菲特的验证并发扬光大。价值投资在20世纪70年代到80年代后成为成熟资本市场的一种主流投资方式。它是指通过基本分析，例如对高股息收益率、低市盈率和低股价、账面比率的分析，去寻找并投资一些股价低于其“内在价值”的股票。而股价和内在价值的关系来说可以概括为“价格受供求关系影响围绕价值上下波动”。投资者要做的就是发现那些价格低于内在价值的股票，然后买入。

那么如何去判断一家公司内在价值呢？这就必须要谈到价值投资的三大基本概念，即正确的态度、安全边际和内在价值。对此，国外投资界的大亨和股市相关理论的奠基人都有着一番解读。

格雷厄姆注重以财务报表和安全边际为核心的定量分析，他创造性地提出了购买廉价证券的“雪茄烟蒂投资方法”；而另一位投资大师菲利普·费雪，重视企业业务类型和管理能力的定性分析，而他也被誉为“关注潜力股”的先驱，他以增长为导向的投资方法，比格氏价值投资更进一步。传奇基金经理彼得林奇也更接近于菲利普·费雪。简单地说，格雷厄姆要的是好价格下的好公司，安全第一；费雪和彼得林奇更看重好公司配好价格，更喜欢潜力股。特别是彼得林奇，他的书里动不动就是“十倍股”这样的词，格雷厄姆要是看了他的书得惊讶死。而巴菲特是集大成者，他把定量分析和定性分析有机地结合起来，形成了价值潜力投资法，把价值投资带进了另一个新阶段。巴菲特说："我现在要比20年前更愿意为好的行业和好的管理多支付一些钱。本倾向于单独地看统计数据。而我越来越看重的，是那些无形的东西。"巴菲特说，他的血液里是85%的格雷厄姆，15%的费雪，如果没有费雪，他根本不会挣这么多钱。把这些著名投资大师关于价值投资经验概括起来，我们可以总结出一套操作法则，用来考察一家公司的"内在价值"。

第一，考察企业家和管理团队。看管理层是否正直诚信、有能力。有能力才能把一家公司做大做强，有诚信才可能分享成果，给投资者分红。在中国，这个方面还是很难把握。因为在当前阶段，中国社会诚信不够，企业违反诚信原则的成本太低。另外，中国企业家太"低调"，投资者有时费很大劲才能找到实际控制人。他们也很少在公开场所去发表对上市公司的经营方针思路。毫不夸张地说，中国股市的散户投资者中有90%的人甚至不知道所持股票的当家人是谁，更谈不上对这个当家人品行和行事风格的判断。而且中国的经济结构比较复杂，很多上市公司都是央企或者地方国企，他们本身就具有双重身份。他们并不是独立的企业家。因此，在这个方面的考察工作有难度。

第二，重视现金流量原则。财务分析是我们对企业素质考察的一种手段，但中国上市公司财务报表和年报容易出现造假现象。所以有时需要我们要有眼力，要注意观察他们的现金流，因为这是识破造假的关键。现金流是一家公司现金收支情况的一个表现，不代表公司的营利情况。当然，经营性现金流达一定正额，表明公司回款比较好，不存在收不回的问题，对公司经营有好处。

第三，一定在价格被低估时才考虑买入。当价格低于其内在价值才能买入，不管这家企业有多好，若价格已经高于其内在价值，就应该抛出或者规避。

第四，耐心持有。既然如此深入细致地去研究一家企业，若这家上市公司符合条件就应该买入并耐心持有。若我们花费了半年时间去研究一家企业，买入后一个星期涨10%，我们就卖出，那根本就不叫价值投资。考虑中国股市特有波动周期，我们也很难像巴菲特那样如此长期地持有一家公司股票。笔者个人建议持股周期应在6个月至24个月。另外中国上市公司在信息披露方面还存在诸多问题，信息的可靠性也要打问号，所以如果条件允许，建议投资者要多实地走访上市公司，亲身了解这家企业经营状况。

在这一点上，我就有过亲身经历。

佐力药业（300181）这家公司一上市就引起我关注，公司核心品种乌灵胶囊乌灵菌粉及乌灵胶囊的产品定位是“改善情绪、改善睡眠”，可应用于焦虑、抑郁、失眠等常见病。当时我意识这种药具有一定的独特性和新奇性，当今社会节奏加快，很多人都面临着巨大的精神压力。相信这种药肯定也具有很大市场空间。在决定买入其股票前，我需要考察的是此药是不是像上市公司的那样，没有替代品，药性良好。于是，我就去找了一位高中的老同学，他在一家三甲医院做主治医生。他告诉我这种药他们医院刚刚引进不久，从临床角度来看，还是很有效果，价格也不贵，目前能接近甚至超过一些神经类西药所能达到的效果，但也具有一定副作用。

后来，结合这些信息，我判断这家公司的核心产品还是具备一定竞争力的，未来几年的业绩应该也不错，于是，我开始将这一信息反馈到我身边的一些人当中。

这便是我提倡的一种价值投资方式。一家公司的股票跟它业绩的好坏有着十分紧密的关系，所以我希望广大投资者能够更多地去做价值投资，不但只是跟随主流资金，指哪儿打哪儿，还应该做更多的深入了解和调查，这样才是对自己负责，也是对自己的目标负责。

第三节　逐渐进入机构投资者主导时代

翻开中国股市20多年的发展史，大家可以清楚看到，在前面20年里，中国股市基本上是散户投资者处统治地位。尤其是在早期，可以说市场里90%投资者都是散户投资者，而且持有的市值要占到市值总额的80%以上。这些散户投资者的资金大多在10万元以下。

在第一章中，我们说过，中国股市最早几批的股民中，绝大多数人都抱着发横财心态。大部分人缺乏专业知识和交易技巧，更谈不上去做价值投资了。他们中大部分人都没有一套科学选股体系，买卖股票也只知道“跟风”。

散户投资者除外，市场中剩下10%的人就是一些大户和相关公司，他们进入市场的目的就是选择一家容易控制和题材丰富、会讲故事的公司，然后大量买入，高度控盘，通过做庄来获取高额利润。其实他们资金都是自由资金，证监会在源头上是很难监管的。散户投资者占主导地位会给投资结构带来一定的影响：

第一，投资资金少且极度分散，很难形成合力，市场资金也只能追逐那些盘子题材多股票，他们不愿意去买入绩优蓝筹股。这个道理很简单，我们都知道，想要说服一个人容易，但是想要同时说服一群人就很难。人的数量越多，达成共识的难度就越大。

第二，很多人缺乏专业背景，根本不了解什么叫投资，进入股市就是想发横财挣快钱。

第三，这些资金都是自有资金，证监会很难监管，投资者想卖什么股票、持有多长时间都不可能受到管理。

以上这些特点也造成了中国广大投资者过分青睐“跟风投资”，不看业绩、不看基本面，过分看重盘子大小、题材是否丰富、是否有庄家。有的垃圾股靠庄家去炒，小盘价格高涨，而炒作过后又缺乏基本面业绩支撑，终将露水，迅速被打回原形。造成市场暴涨暴跌，运行极其不健康。而机构投资者则不然，他们的发行、募集以及运行动作都必须在监管层监督下进行，证监会一开始就会做制度设计和监督，防止其操作控制个股，这在客观上能够促进其选择价值投资方式，而这对维护市场长期稳定有至关重要的作用。

证监会为了规范机构投资者的投资行为，专门制定了一个“双十规则”，这“双十”分别是：一家基金持有一只股票的总价值不能超过该股流通总价值的10%；一只基金持有一只股票的总价值不能超过该基金总价值的10%。

除此之外，证监会还会随时观察机构投资者，并对他们进行约束，确保市场的健康发展，出现问题也会及时地进行修正。例如，在以前，证监会对股票型公募基金仓位下限的规定是60%。经过几年的运行之后发现股票基金下限过低会造成基金公司买卖股票过程中频繁大幅调整仓位，而且很容易造成追涨杀跌的现象出现。这样既容易导致基金风格漂移，也容易加剧资本市场的波动，违背发展壮大机构投资者的初衷。

而反观国外成熟市场的情况，我们会发现，他们的机构投资者的占比都达到60%以上。纵观欧美等成熟资本市场，其机构投资者的占比更是高达70%以上。对此中国监管层也深刻认识到这个问题的重要性，最近10年，尤其2007年后加快了去散户进程，全力护持机构投资者壮大。证监会近几年加快推动机构投资者的发展步伐。其中，大幅放开QFII门槛，大幅扩容RQFII规模以及鼓励社保、险资等各路资金的入市，都是加快提升国内机构投资者占比的具体体现。

为了让机构投资者能够起到更好的作用，在2013年4月份，证监会又公布了《证券投资基金运作管理办法》，在此办法中，证监会就明确提高了股票型基金仓位的下限。将原来的60%提高到了80%。这样就大大改善了市场的投机氛围，促进价值投资成为市场的主流。

正是由于散户和机构投资者在资金来源、持仓仓位、持仓时间、监管方式上的存在差异，所以他们的投资风格也就不一样。而机构投资者的存在是有利于市场的稳定和健康发展的。机构投资者的不同就决定着投资风格不一样。随着时间推移，中国机构投资者力量会越来越大。同时我们已经看到这次牛市启动以来，机构投资者逐渐扮演主导地位。在2014年9月－12月牛市启动阶段，机构投资者牢牢把握市场主导权。机构投资者重仓的银行、券商、高铁等板块将会成为推动大盘上涨的主力军。

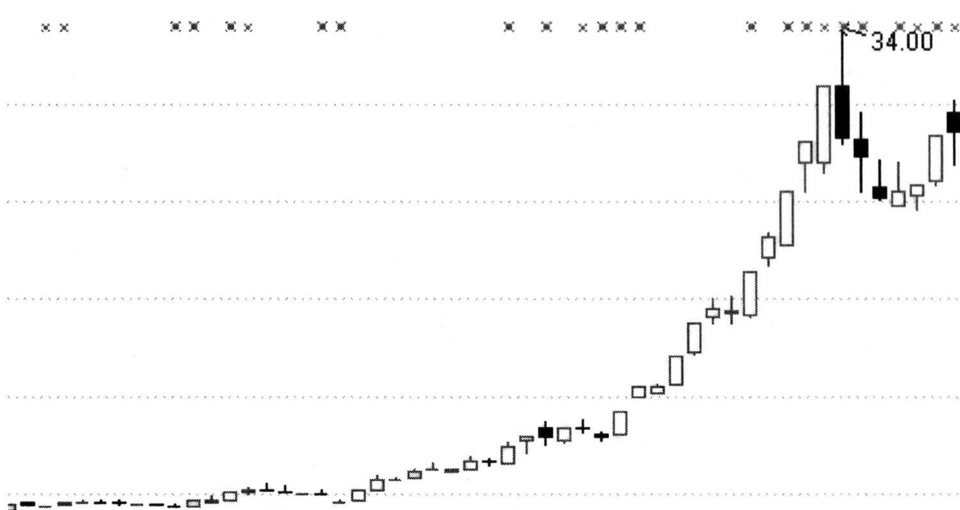

图 4－1　光大证券（601788）2014 年 7 月—12 月份走势图

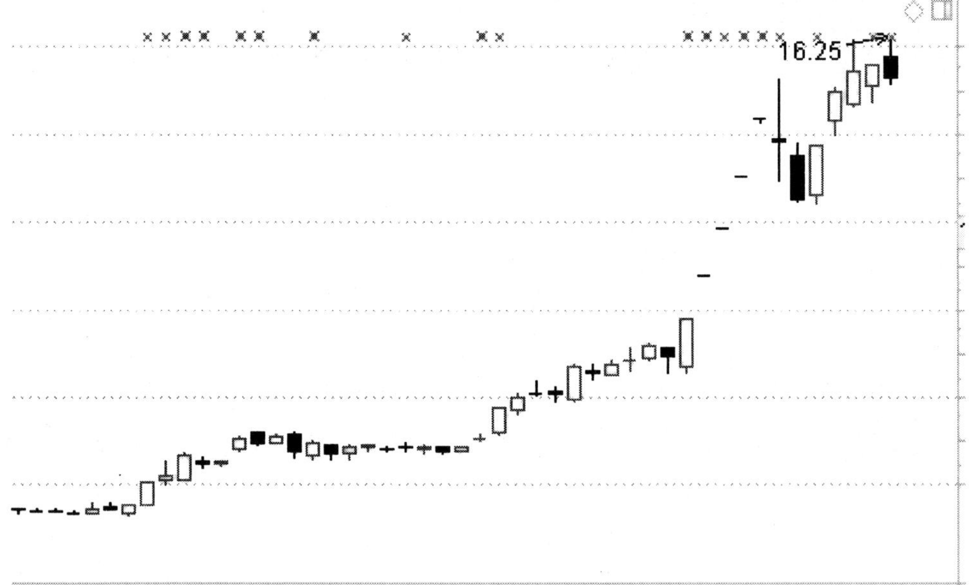

图 4－2　中国铁建（601186）2014 年 7 月—12 月份走势图

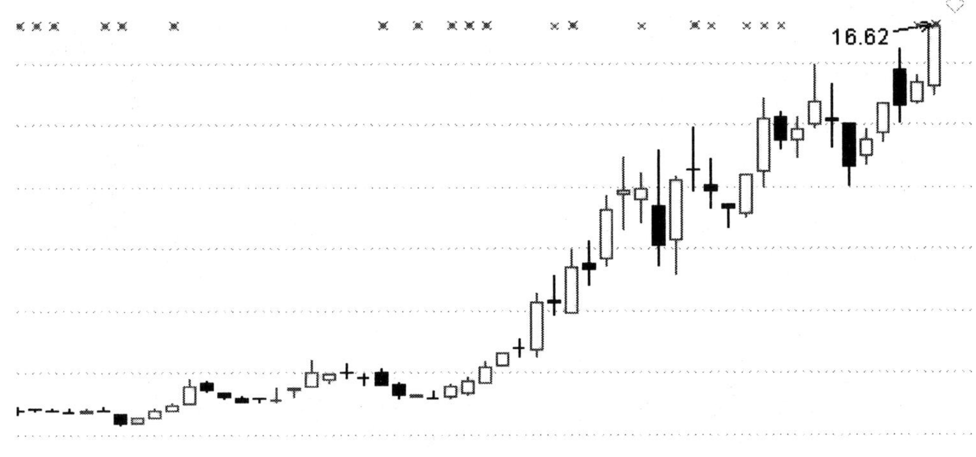

图 4－3 招商银行（600036）2014 年 7 月—12 月份走势图

因此，这次牛市将是一次机构投资者对“话语权”的争夺战，是一次机构投资全面主导市场的洗礼过程，是一次去散户的过程。只要机构投资者牢牢把握市场主导权，价值投资才能真正深入人心，经历这次牛市后，中国股市才能发生革命性改变。种种迹象表明，这一信号已经越来越强烈，也必将成为现实！

第四节 可能会持续3～5年的大牛市

熊市有熊市的周期，同样，牛市也有牛市的周期。熊市、牛市的周期长短各不相同，这是因为每一个历史时期都有其特性。要判断一次牛市的长短，我们需要借鉴市场信息、政策、经济发展现状等诸多信息。笔者在这波牛市到来之前对股市进行了深入的了解，并做了大量的外围信息收集工作。

因此，针对2014年下半年出现的这波新牛市，笔者预测其持续时间可能会达到3～5年。笔者的预测是基于以下几点理由的：

第一，龙头板块的持续性和成长性直接决定牛市的长度和高度。这波新牛市中，我们预测高铁板块将会成为新牛市的龙头板块。在此之前，我们仔细研究了中国的高铁的发展历史和战略计划，得出以下结论：中国高铁正迎来发展的黄金十年，高铁板块的国内国外计划全面展开，预计在2015年会全面展开国际计划，考虑到高铁的施工周期，中国的第一批走出去的和国内的主要干线的全面开展和完工日期可能在三年之后。到2018年，随着中国高铁成功走向世界，世界性的铁路运输革命也会随之到来。届时，将会有更多的国家全面推行高铁技术，高铁将会迎来一个爆发式的增长，而中国高铁将真正成为中国产业经济的一张名片。同时，这段时间也是中国高铁利润最高、发展最快的一个时机。

在最后阶段，中国高铁将确立世界领导地位，但随之而来的会是巨大的竞争，世界各国都会对此做出各自的限制，假如中国高铁呈现“一股独大”的时候，各国会对中国高铁设置更高的门槛，会变得更加苛刻和严格。高铁的危机也就会到来，从目前高铁的一个总体判断来看，中国高铁将处于高速发展阶段，而目前中国从事高铁的核心企业都已经在国内上市（中国南车、中国北车），所以，高铁板块无疑会成为这波牛市的龙头板块。而在中国的这黄金十年中，前面的6～7年将会呈现出井喷式的发展，后面三年将会放缓速度，考虑到资本市场会提前反应的规律，估计高铁板块在中国A股市场的持续性表现会维持5年左右，也就是持续到2020年左右。

所以，从龙头板块的持续我们可以判断这波牛市持续的时间上限为 5 年。

第二，这波牛市是第一次在股指期货和融资融券的背景下产生的，它的运行结构相对于以往的牛市会存在很大的区别。在运行中途，它会出现更多的拉锯和宽幅震荡，甚至出现长时间的横盘整理，一般来说，它还会呈现螺旋式的上升。正是由于股指期货和融资融券存在做空机制，它会拉长整个上涨的过程，以往的牛市更多的是呈现一种脉冲式地上涨，周期一般在 2 年以内，最长不会超过 3 年。

图 4-4 2005 年 8 月至 2007 年 10 月的超级大牛市

第三，中国股市经历了20多年的发展，在摔打中不断成长，环境已经发生了重大的变化。市场中的一些过分投机得到了一定程度的抑制，投资者尤其是机构投资者更注重上市公司的估值优势和成长性，价值投资的观念正逐渐深入市场，从最近的牛市启动阶段中我们可以明显感受到，具有明显估值优势的银行股和业绩增长确定的券商股得到市场的热烈追捧。而很多业绩平平的股票并没有在牛市初期有所表现。种种迹象表明，机构投资者将成为这波牛市的主力。以高铁、银行、券商这种有业绩支撑的股票将成为这波牛市上涨板块的主力军。由于这类板块相对而言盘子比较大，上涨推动过程对资金的要求和操作更高，所以它的持续时间也会更长一些。

综合上述三点，我们预计这波牛市的持续时间不会低于3年，乐观估计能够达到5～6年之久。我们取一个中值的保守估计，认为其持续时间应在3～5年。

第五节　新牛市将会呈现“螺旋式”上涨

从目前牛市运行的态势来看，新的牛市将与以往的牛市呈现完全不一样的结构和走势。牛市从2014年9月份开始，到现在已经运行了三个月，我们可以明显感觉到三个新迹象：

1. 呈现明显的“二八”现象。以银行、券商、高铁为代表的大蓝筹出现持续的大涨甚至暴涨（如图4－5至图4－7）。这些大盘股、大蓝筹率先领跑，而那些缺乏业绩支撑、基本面平平的股票则表现得非常平淡，市场明显呈现了20%的股票持续上涨、80%的股票表现平平甚至出现一定程度的下跌的局面。这是中国资本市场的一次革命性的变革，前20年中国股票市场是由资金和庄家决定的，而现在市场逐渐进入价值投资时代，没有业绩支撑、基本面不扎实的股票慢慢地开始退出历史最高舞台。而那些曾经被人认为盘子过大、上涨过于缓慢的、价值被低估的大蓝筹大盘股受到越来越多资金的青睐。中国股票市场逐渐回归理性。这将为这次牛市的持续和长期稳定打下坚实的基础。

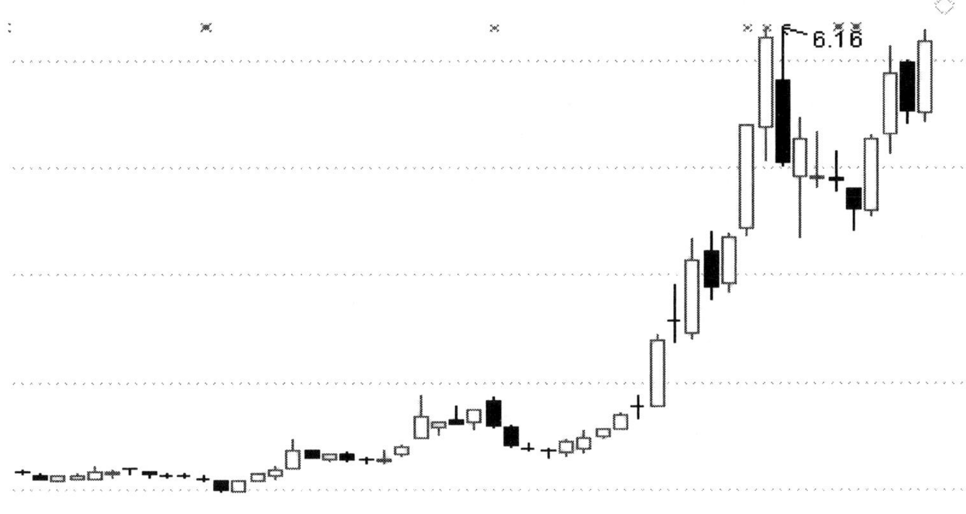

图4－5　建设银行（601939）2014年年末走势图

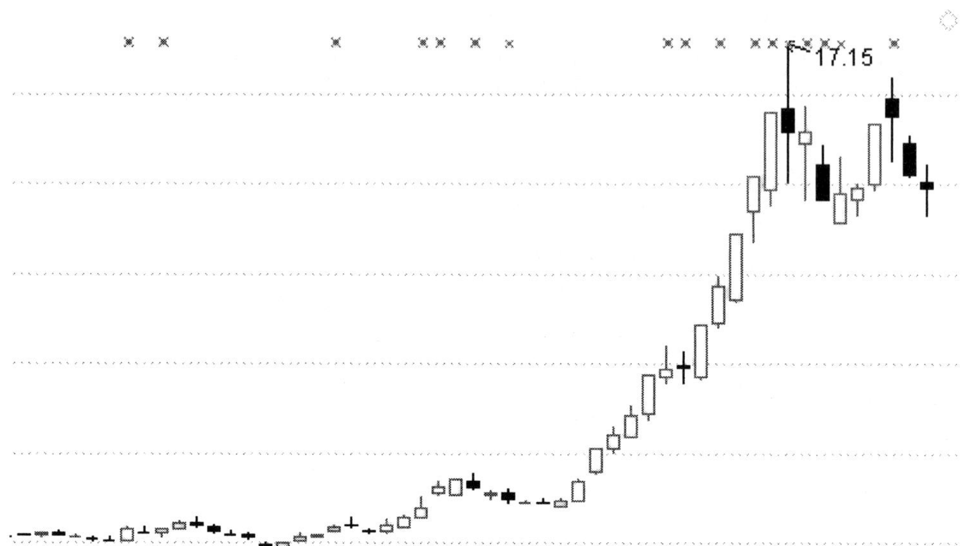

图 4-6 方正证券（601901）2014 年年末走势图

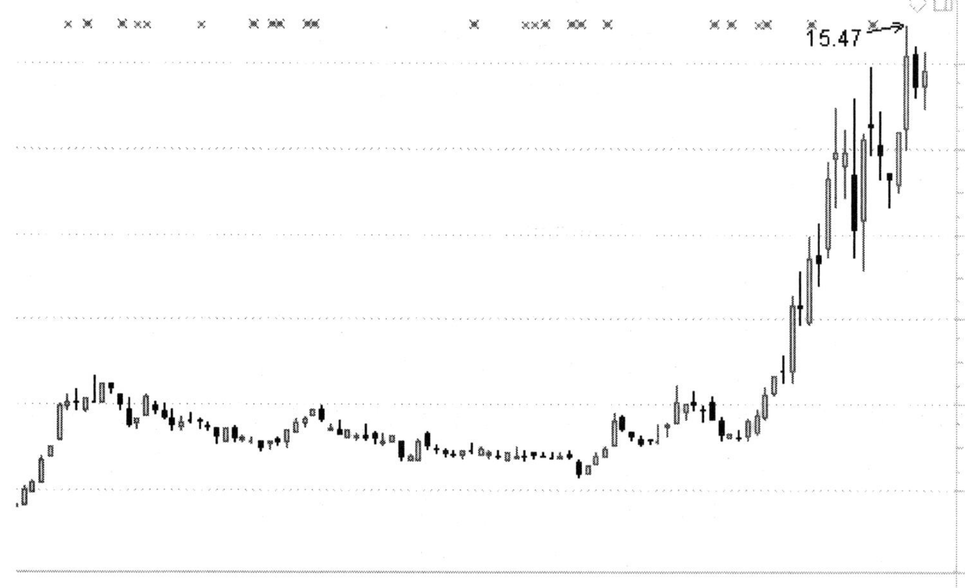

图 4-7 招商银行（600036）2014 年年末走势图

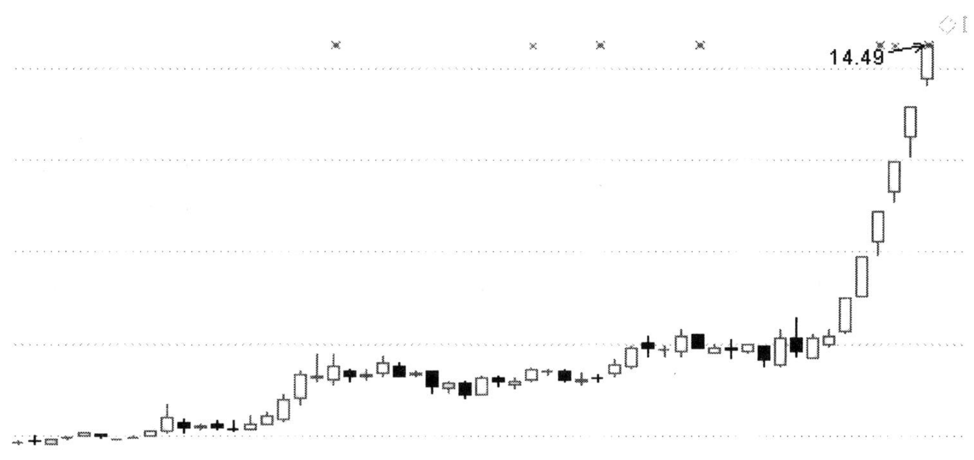

图 4－8　中铁二局（600528）2014 年年末走势图

2. 股指期货和融券使中国的股票市场有了做空的工具，市场的运行结构会发生一些新的变化，以前那种过于直线的上涨模式将得到改变。市场在中间的过渡期的震荡会进一步加剧，横盘的时间可能会增长。

3. 国家积极深化股市制度的改革和金融工具的创新，极力呵护这次牛市。新一届领导班子上台，政府对国家经济的增长方式和经济结构有了更加深刻的认识，不再一味地看重增长速度，在增长的过程中，更看重增长的质量和结构的合理性。其中一个最大的调整就是不再过分地依赖房地产的快速增长来推动其他产业的发展，而是通过各种调整促使房地产进入一个平稳、缓慢的发展周期。在另一方面，国家继续推进以高铁为代表的技术和产品的输出，同时，积极地推进资本市场的健康发展，为更多的企业提供融资的渠道，帮助实体经济发展。从政策的出发点来看，国家是希望资本市场进入长期稳定的发展局面当中，为更多的企业提供一个更好的融资平台和渠道。

通过目前股市运行的态势，结合这三点的特征，我们认为这波牛市将呈现出螺旋式的上涨模式。它与以往的牛市行情模拟图对比如下：

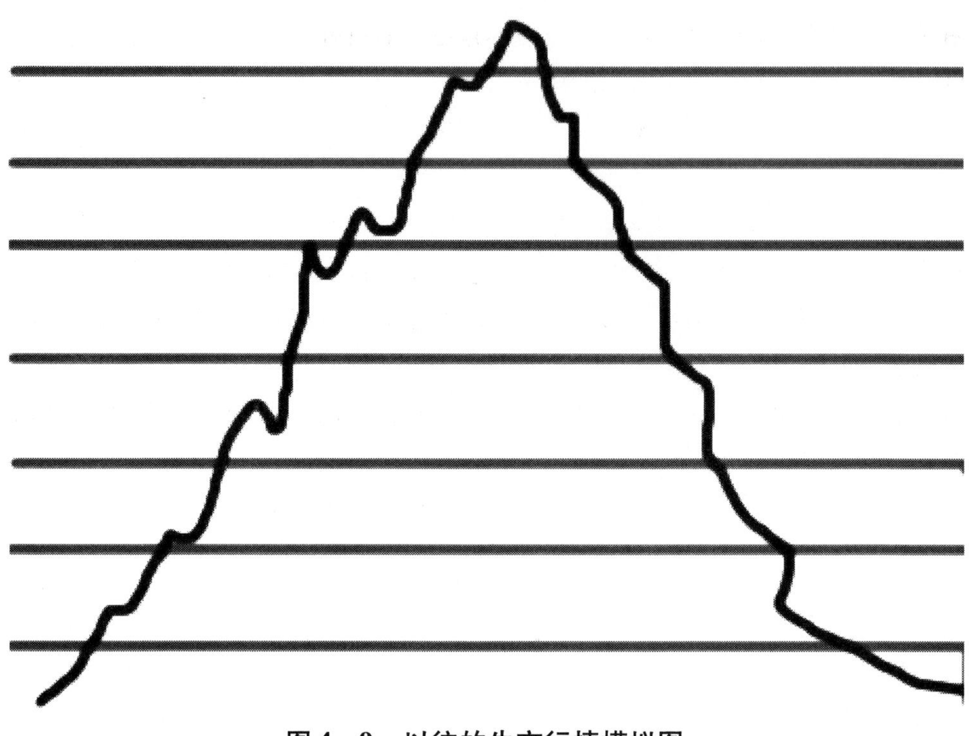

图 4-9　以往的牛市行情模拟图

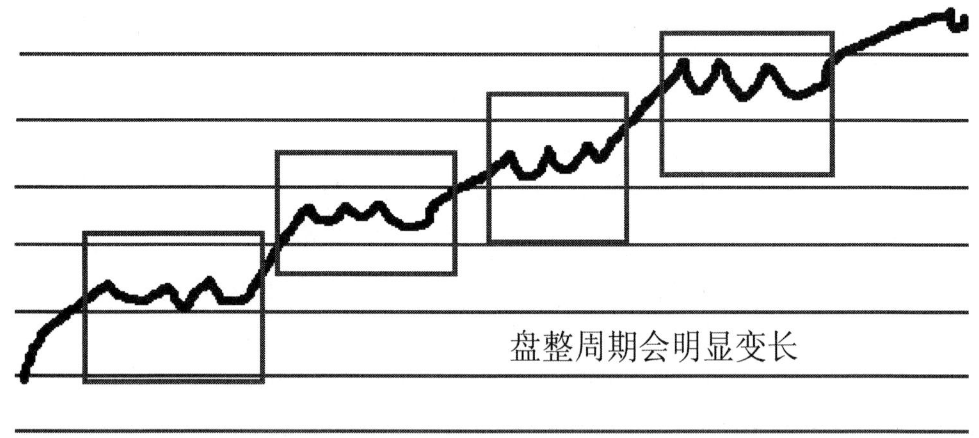

图 4-10　新牛市上涨结构预想图

以往的牛市更多地表现出资金推动下的疯狂上涨态势，不管是什么股票，在牛市中都会大涨一把，很多牛股并不是由于其有好的基本面和业绩，而是由于他们会编故事给投资者看，所以市场是一哄而上，没有一个稳打稳扎的上涨步伐，也没有一个能够维持长久的上升结构。所以，这更像是机构、大户、散户趁此机会投资一把然后走人。

而新牛市由于上涨的主力军是以大盘股为主，不可能呈现直线的上涨，同时又是在股指期货和融资融券的背景下运行，在每个阶段、每一个重要的关口都会出现宽幅震荡和横盘，以来消化上涨的压力，所以其中间的盘整周期会明显变长。总体趋势呈现螺旋式上涨。同时由于这次是以大蓝筹为上涨的主力军，它上涨的稳定性和持续性也会得到明显增强。过去的那种暴涨暴跌的股市行情将会得到大幅改善。

综合上述分析，我们认为这次牛市会出现一种螺旋式的上涨，而这种上涨正预示着这是一波真正的牛市，其持续时间会更长，后劲会更足！

第五章　新股民玩转新牛市杀手锏

第一节　中线布局银行股

很多新股民是看到牛市来了，认为这是一个时机，决定入场。入场投资者中有一部分不仅缺乏相关知识和经验，还缺乏时间。对于这部分新股民怎么办？笔者建议这部分投资者把大部分资金布局银行股。前面章节我们已经反复强调这是全新牛市，是一次蓝筹股牛市。因此，投资者可以对蓝筹股给予更多关注和配置。

我提出这个观点可能很多人不同意。认为银行股是不是会涨得太慢，收益太低？现在笔者跟大家分享我听到的一个真实故事。这个故事的主人公就是台湾连战的母亲赵兰坤。连战的父亲连震东，字雅堂，为台湾名学者，著有《台湾通史》，连氏家族家产以百亿元（台币）计，是台湾有名的豪门。连家的财富，并非靠连战当副总统取得，而是连战的母亲赵兰坤善于投资，累积而成。可以说，连氏家族之所以如此富有，连战的母亲赵兰坤居功至伟。

台湾的富豪，几乎都是靠经营事业成功而跻身富豪榜，但连战家族并没有创办过被人称道的事业，主要是靠投资于股票，成功地累积了今天的庞大财富。那他是怎么投资的呢？连战的父亲连震东是彰化银行前董事长张聘三的朋友，张聘三劝连震东投资银行股，连震东是个学者，醉心于台湾史的研究，没有把这个事情放在心上。而赵兰坤不同，她看在眼里，放在心上。经过仔细思考后，她把多年的积蓄，大部分投资在彰化银行、台北企银、华南银行等银行的股票上，买进后就不再卖出，经过了50多年的持续成长之后，这些银行股票，增值数百倍，使连氏家族成为台湾最富有的家族之一。

无论是在哪一个国家，股票都是最多人参与的投资渠道，但是，靠股票投资成功地累积财富的人并不多。其中一个最大的原因，就是大部分人都不把股票视为长期投资的工具，无论是哪一个股市，短线投资者永远多过长线投资者。事实证明，股市的真正受益者，几乎都是长期投资者。所以讲，开始跑得快那个不一定就是第一个到达终点的那个。

第二节　反复做高铁板块

前面章节我们重点讲述这次牛市特征，高铁板块将会成为龙头板块。高铁板块在之前牛市中并没有参照物，怎么办？我们就参照上次牛市龙头板块有色金属板块走势。

首先我们对上次牛市龙头板块走势做深入分析，然后才给我们带来操作上的启迪。

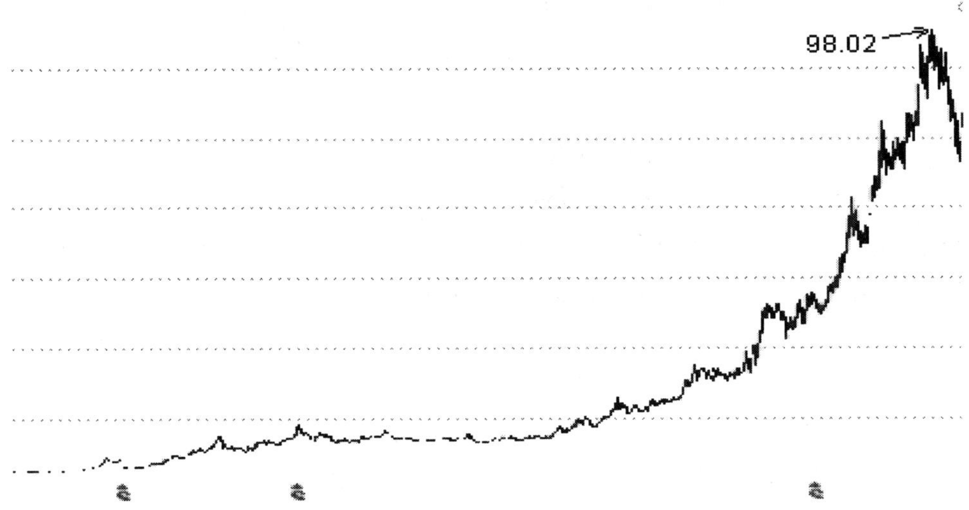

2005—2007 年云南铜业（000878）走势图

云南铜业从 4 元附近一直上涨到 98 元，上涨将近 25 倍。

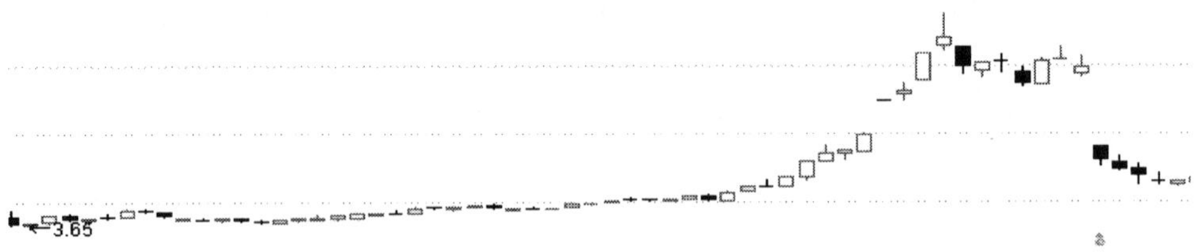

云南铜业上涨图

经过长达数月盘整后，云南铜业技术上呈现典型圆弧底部。圆弧底最容易成就大牛股一种底部形态。

对于龙头板块高铁股操作要领建议如下三点：

一是坚持长期持有，波段操作的基本策略。前面章节已经预测这次牛市可能会维持 3 ～ 5 年。秉承谨慎原则，对于龙头板块持有时间建议为 2 年时间左右。依据以往龙头板块走势来分析，波段操作不低于 4 次。

二是高度重视业绩增长是否符合预期。龙头板块之所以能够持续上涨，主要原因因其业绩进入一个黄金增长期。要判断高铁股业绩是否能够持续增长，一方面要研究行业周期和行业机遇，这个方面我们在之前章节已经讲述过，不再赘言。而具体判断每家公司业绩增长是否能够持续和符合预期，就必须学会看报表。一般而言，上市公司定期报告中披露了资产负债表、利润表和现金流量表三张主表。如果上市公司拥有能够控制的子公司，还将披露合并资产负债表、合并损益表和合并现金流量表。由于合并财务报表反映了上市公司及所控制企业的整体情况，因此我们更多地侧重于使用合并财务报表。

为了更好地判断公司状况，投资者可采取以下几种报表分析方法：（1）表间分析法。即对公司财务报表之间的关联项目进行综合衡量，关注是否存在不合理的疑点，以了解企业真实的盈利质量和资产质量，防止单张报表的误导。（2）财务比率分析法。对公司财务报表同一会计期内相关项目相互比较，计算比率，判断其偿债能力、资本结构、经营效率、盈利能力等情况。（3）期间分析法。对公司不同时期的报表项目进行动态的比较分析，判断其资产负债结构、盈利能力的变化趋势。（4）公司间比较法，与同行业、同类型的其他上市公司财务情况进行比较分析，了解公司在群体中的优劣及异常。在这里我们就不深入系统全面阐述财务分析各个方面，在这里提醒大家看报表要注意以下几个重点：

第一，高度重视现金流量表。

1. 很多企业编现金流量表都很随意，要判断现金流量表是否准确很简单，关注投资活动现金流量和筹资流量现金流量就行，这两大项与资产表联系得很紧密，对照一下就能分析出编得对不对。相应地，这两项对了，那经营性现金流量净额就不会有大问题。

2. 如果要判断经营性现金流量的其中项目质量如何，则要关注一下支付的其他和收到的其他项目，很多人编不平现金流量表时就会把差额挤到这两项，如果这两项有比较大的数字，则要与企业规模结合看，那经营性现金流量可能会失真。

3. 很多人都喜欢了解一个企业的工资水平，把现金流量表中支付给职工以及为职工支付的现金发生额除以这个企业的人数就能算出该企业平均工资了。

4. 有些企业想隐藏利润时会在年终预提一些应付职工薪酬，与现金流量表对照一下，如果本年和上年支付的工资没有太大变化，那应付职工薪酬也不应该有太大变化，有些企业可能会有部分年终奖当年计提下年发，这是正常的。

5. 把销售商品、提供劳务收到的现金与营业收入对照看，一般来说前者要大于后者，如果前者比后者小很多就要小心了。这有两个可能，一是大量应收款没有收回，二是该企业可能有部分收入没有实质现金流。

6. 货币资金。作为资产类科目，审计一般会关注它的期末数字的真实性，却会忽略它的发生额；记得发银行询证函，但对银行对账单，却很少有人认真核对流水——这里很容易出问题，且出了问题的，一般问题都很严重。

三是注意基金和机构持仓变化。龙头板块肯定是基金和机构持仓重点。他们持仓意愿和持仓策略会对股价走势产生巨大影响。

第三节 反复做券商股

牛市中，券商股肯定是最大受益板块之一。最近几年，中国金融业务创新明显加快，券商主营业务比重将发生深刻变化，券商将以经纪业务为主向金融超市转变。甚至有人提出，这次牛市将是券商股的天下。现在下此论调是否太早？我们还需要观察。但牛市来临，券商股业绩肯定呈现爆炸式增长。

2014 年 12 月 5 日公布 18 家上市券商 11 月份业绩就可以看出一些端倪。据 18 家上市券商发布的 11 月份的财务简报显示，18 家上市券商母公司及子公司 11 月当月共实现营业收入 119.84 亿元，环比增 24%；实现净利润 49.02 亿元，环比增 22.5%。11 月份市场交易额、融资融券余额不断创新高，推动券商业绩实现增长。11 月份净利润最高的上市券商为中信证券，其母公司及下属 3 家证券子公司 11 月份净利润合计 10.66 亿元，环比 10 月大增 58%。盈利排名第二的是海通证券，其母公司及其下属公司 11 月份实现净利润 7.41 亿元，环比增 26%。此外，招商证券、广发证券 11 月份净利润亦均超 4 亿元。

其次是净利润环比增长情况。由于市场回暖，11 月份，18 家上市券商中，13 家券商净利润环比实现增长。其中，光大证券母公司实现净利润 31660.43 万元，较 10 月份环比增长 104.48%，成为唯一一个净利润翻番的上市券商。除了光大证券，国海证券、国元证券、东吴证券、西部证券等上市券商净利润增幅也较为靠前，均达到了两位数的增长。这只是市场刚刚进入牛市，随着牛市的深入，券商股业绩增长会更惊人。因此，这次牛市中，券商股绝对不能错误。尤其对于新股民而言，这是最明显机会，不能错过。

这个道理很多投资者都明白，但要具体怎么把握机会呢？首先，我们还是回顾一下在 2005—2007 年牛市中券商股的走势。现在我们以中信证券为例：

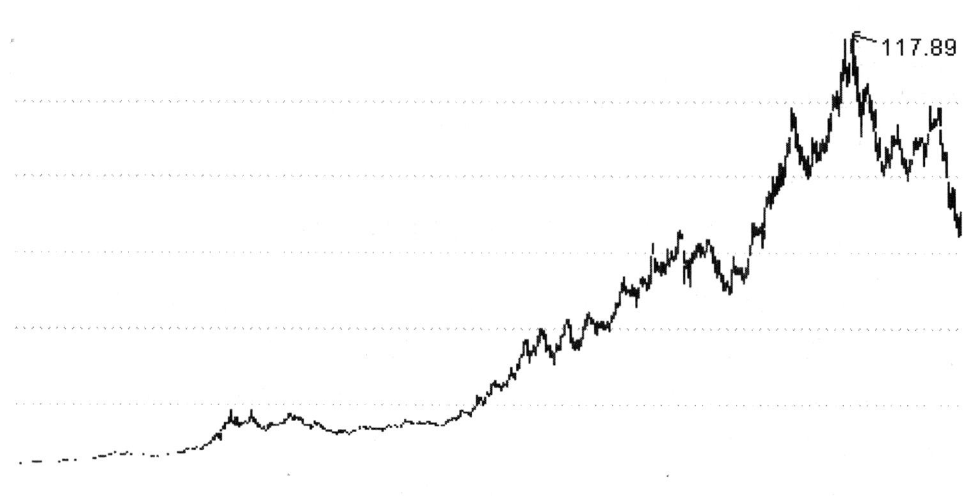

中信证券 2005—2007 年走势图

中信证券 2005—2007 年整体走势经历了 5 波主升浪和 5 次大调整阶段。现在对第一波主升浪和调整做一个详解。

第一波上涨出现在 2006 年 3 月 31 日—5 月 17 日。总共过程运行 27 个交易日，在上涨初期时也会出现短线技术压力，投资者怎么去面对这种情况呢？如 2006 年 4 月 6 日出现一个倒吊 K 线，是否应该继续持有？

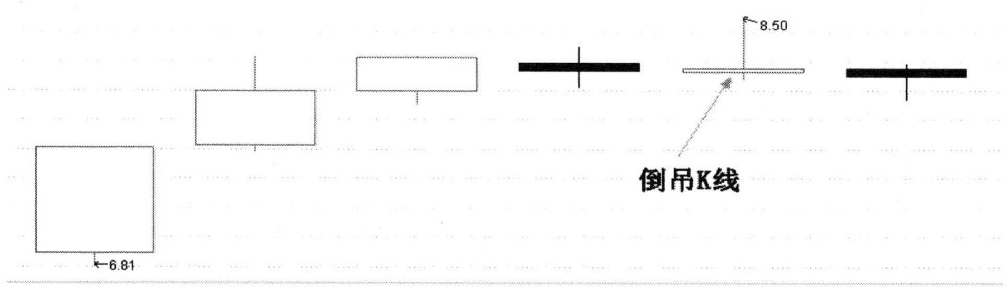

倒吊 K 线

这是一个考验点。2006 年 4 月 13 日，出现两连阴，会不会出现三只乌鸦，然后形态走坏，上涨就此结束呢？这是当时很多投资者思考的问题，也是一个考验点。

第一次主升浪上涨进入调整阶段。第一次调整周期为 2006 年 5 月 18 日～11 月 9 日，接近 5 个半月时间。

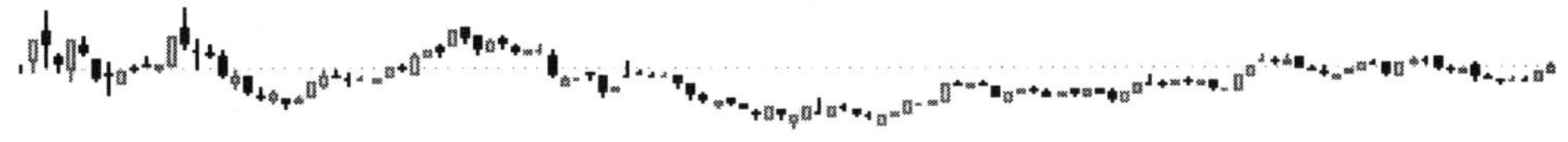

中信证券 2006 年 5—11 月日线走势图

在漫长调整过程中，投资者是否能够坚守。另外从 2005—2007 年中信证券整体走势图来看，在中前期波动不动，即使需要消化调整，整体股价振幅不大，后期股价振幅波动明显加大。而这次牛市大部分券商都可以进行融资融券交易，其调整阶段波动会明显加剧。在调整阶段如何高抛低吸是这次牛市交易中需要把握的一个重点。下面是中信证券 2014 年 9 月至 2015 年 2 月日线走势图。

中信证券 2014 年 9 月—2015 年 2 月日线走势图

中信证券在 12 月 18 日正式转入调整阶段。截至 2015 年 2 月 2 日中信证券调整才结束，且振幅相当大。最高上探到 37. 25 元，最低下探至 26. 66 元，振幅超过了 30%。面对如此大的振幅，投资者可以考虑低吸高抛。券商股低吸高抛的基本要领是：第一，以大盘走势为导向，大跌大买，大涨大卖；第二，若券商股出现调整，回测幅度达到或者接近 20%，投资者可以大胆介入。20% 为安全线。

第四节　不熟悉的股票不做

当今世界里，股票投资最成功当属巴菲特。当提起这个名字时，很多人首先想到的是令人眼红心热的财富而不是其投资习惯。笔者跟投资者交流时，经常会打这样一个比方，巴菲特把投资当成一个农活儿，他就是一个老农，从拓荒、播种、施肥、收割，一步步地完成。巴菲特的成功有很多特质，其中一个重要投资习惯就是不做不熟悉的股票。提到巴菲特，我们首先想到的就是巴菲特的稳健收益。近 50 年来，巴菲特管理的伯克希尔投资公司平均每年都保持近 23.5% 的收益，巴菲特取得如此好的成绩，自然有很多过人之处，作为成功的投资者，他有很多好的投资经验和投资理念值得我们借鉴。其中最值得借鉴的投资原则是：不熟不做，不懂不买。

在中国股民热衷于赶时髦，爱朦胧，喜题材，往往不分青红皂白，一冲动就乱买，一不小心就买进 10 多只，持股各占两三百，弄得眼花缭乱，顾此失彼，无所适从，甚至于做坏自己心态，怨天尤人，指责谩骂。

其实，倘若能做熟一两只股票，来回反复持续地做下去，其感性和理性收获实属不浅。因而，掌握其股票内在价值，摸透其量价关系变化，熟知其市场股性活跃程度，清晰其动态表现和静态现状，这才是真正的赚钱要领。

巴菲特多次忠告投资者："一定要在自己的理解力允许的范围内投资。"对不熟不做的投资理念多加利用，在操作过程中可以投资一些自己熟悉的公司。熟悉的公司主要分为以下三种：自己所在地的上市公司；自己所处行业的上市公司；基本面比较熟悉，易于了解的上市公司。

熟悉的公司主要指公司的基本面信息容易收集，具体经营状况容易把握。在收集信息过程中，很多重要的信息都来自于上市公司的年报、半年报或季报。巴菲特在研判相关信息时也有其独特之处，他通过两方面来评估股票价值和股价升值的潜力，一个是对上市公司现状的分析，另一个是对公司未来发展的估算。比如投资可口可乐是 1987 年，当时他对可口可乐的现状分析——可口可乐是最大的软饮料销售者，最好的品牌，最好的分销渠道，最低成本的生产商和装瓶商，高现金流，高回报，高边际利润；对可口可乐未来发展的估算——10 年后可口可乐的收益预计达到 35 亿美元，大约是 1987 年分析时的 3 倍。通过研究发现该股当时具有投资价值，于是集中投资，重仓参与，随后股价向价值回归，使巴菲特管理的基金保持稳健快速增长。

其实，巴菲特的成功，靠的是一套与众不同的投资理念、不同的投资哲学与逻辑和不同的投资技巧。在看似简单的操作方法背后，其实能悟出深刻的道理，又简单到任何人都可以利用。巴菲特曾经说过，他对华尔街那群受过高等教育的专业人士的种种非理性行为感到不解。也许是人在市场，身不由己。所以他最后离开了纽约，躲到美国中西部一个小镇——巴菲特老家奥马哈里去了。

巴菲特“远离市场”，也因此战胜了市场。他和索罗斯有非常相近的地方，因为大部分的投资者进行投资时只是盯着价格，他们用了太多的时间、经历来观望和预测股票价格的变化，而几乎没有时间去理解、研究他们拥有股权的公司。这就是巴菲特及其信徒与其他人区别的分界线。

炒股其实就是一种投资，既然是投资，那么我们就有必要对我们的投资品种做一下了解。有的人或许会说，我们对股票市场已经有了一定的了解，怎么能说是一无所知呢？其实不然，即使我们对股票市场有了解，但我们所投资的对象却是市场上的 2 000 多只股票，假如我们不对每一只股票进行了解，那么不就成了盲人摸象了吗？所以，笔者在此提醒每一位新手股民，在进入市场时，一定要对各方面信息加以理解，特别是每一只个股的信息，对于不熟悉的股票，不要跟风去做，要有自己的清醒认识之后才好去做投资，因为这是新手盈利的一大关键。

第六章　新股民必备风险控制能力

第一节　股市风险有哪些

股市有风险，入市需谨慎！那到底股市有哪些风险呢？一般认为股市风险主要有三类：

第一类是市场价格波动风险。无论是在成熟的股票市场，还是在新兴的股票市场，股票价格都总在频繁波动，这是股市的基本特征，不可避免。在中国股市，价格波动，相对成熟市场会更剧烈、更凌乱。

第二类是上市公司经营风险。股票价格与上市公司的经营业绩密切相关，而上市公司未来的经营状况总有些不确定性。在我国，每年有许多上市公司因各种原因出现亏损，这些公司公布业绩后，股票价格随后就下跌。现在就举一个例子，

2014 年舜天船舶发生的“黑天鹅”事件就是很好的例子。

2014 年 12 月 29 日，舜天船舶（002608）发布公告称，由于舜天船舶合作方——南通明德重工有限公司（以下称“明德重工”）进入破产清算程序，公司可能面临高达 29.45 亿元的损失，甚至出现股票交易被交易所实行退市风险警示。

消息一出，舜天船舶复牌后连续两日跌停。

实际上，舜天船舶股票连续两日跌停，要追溯到公司与明德重工的合作造船关系。

自 2013 年初至今，舜天船舶与明德重工合作建造多个船舶项目，合同总金额约为 57 亿元。截至 2014 年 11 月 30 日，双方合作建造的 32 艘船舶中，明德重工及相关方面向舜天船舶完成交付 5 艘船舶。

而明德重工陷入困难后，为了维持明德重工最低限度的生产需要，避免停产停工，舜天船舶维持了对明德重工的最低限度资金支付。截至 2014 年 9 月，

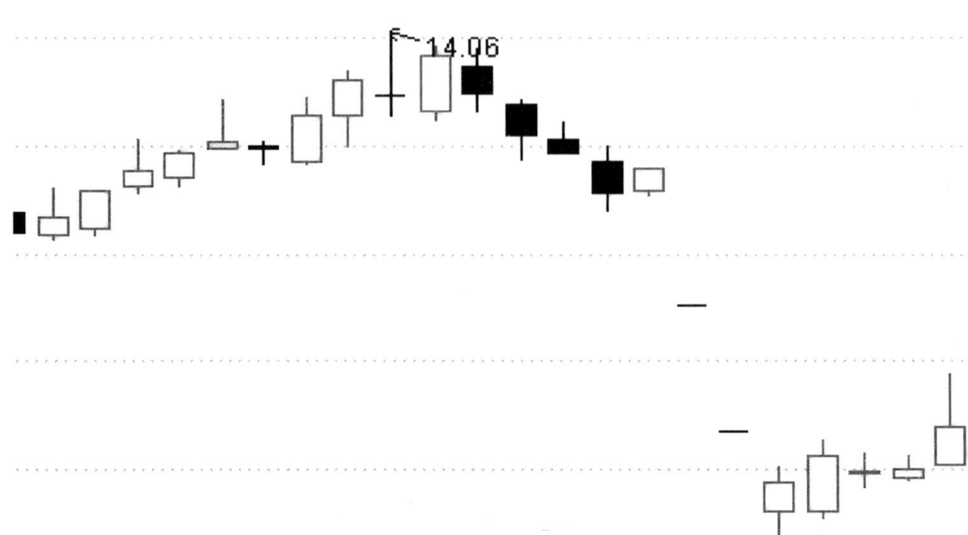

舜天船舶（002608）2014 年 10 月—2015 年 1 月走势图

明德重工及相关方欠舜天船舶款项共计 25. 5 亿元左右。舜天船舶 10 月 21 日停牌，其停牌前至近期才对外披露公司与明德重工的债权债务纠纷，而在此之前，舜天船舶的公告并未提及。

12 月 22 日，深交所向舜天船舶出具警示函，涉及事由是“公司未及时、准确、完整披露其与明德重工的合作进展事宜”。

12 月 29 日，舜天船舶发布公告显示，法院已于 2014 年 12 月 26 日受理了舜天船舶对明德重工破产重整的申请，公司拟作为重整方对明德重工进行重整，接收其与造船相关的主要资产和业务（实际情况以法院裁定的重整计划为准）。

舜天船舶表示，若重整成功，且公司承担明德重工的全部债务及亏损，则最大将会给公司造成损失约 5. 32 亿元，从而影响公司利润约 5. 32 亿元；如重整失败，则明德重工将进入破产清算程序，舜天船舶同明德重工现有的合作项目将无法继续履约，按照与国外船东签署的“船舶建造合同”约定，一旦公司无法按约交船，公司在退还船东预付款的同时，需要承担相应利息预计约 1. 4 亿元；如同时明德重工、润德船务名下的抵押资产全部无法使用或变现，且所有自然人保证均无法实现，以及明德重工、润德船务名下的其他资产亦全部无法使用或变现用于偿还公司债权，则最大将会给公司造成损失约 29. 45

亿元。

舜天船舶本身的资金情况也不乐观。据测算，在未考虑归还到期银行融资后续贷的情况下，未来六个月内，舜天船舶将面临 29. 57 亿元的偿债压力。如公司无法按约交船给国外船东，则需退还船东预付款并支付相应利息，届时，公司将面临共计 39. 47 亿元的偿债压力。而截至上半年，舜天船舶现金及现金等价物余额仅 2. 88 亿元。

“黑天鹅”事件至此，舜天船舶复牌后跌停，或许投资者们对未来甚是担忧。

第三类是政策风险。国家有关部门出台或调整一些直接与股市相关的法规、政策，对股市会产生影响，有时甚至是巨大波动。有时候，相关部门出台一些经济调整政策，虽然不是直接针对股票市场的，但也会对股票市场产生影响，如利率的调整、汇率体制改革、产业政策或区域发展政策的变化等。如 2015 年 1 月 16 日，证监会新闻发言人邓舸通报了 2014 年第四季度证券公司融资类业务现场检查情况。此次现场调查的 45 家券商中，有 12 家券商存在融资融券业务违规情况，并被处以不同程度的处罚，其中中信证券、海通证券、国泰君安等三家知名大券商被暂停新开“两融”客户信用账户 3 个月。这个处罚直接引发券商股股价集体大跌，中信证券连续两日跌停，同时也直接导致大盘进入深入的调整。

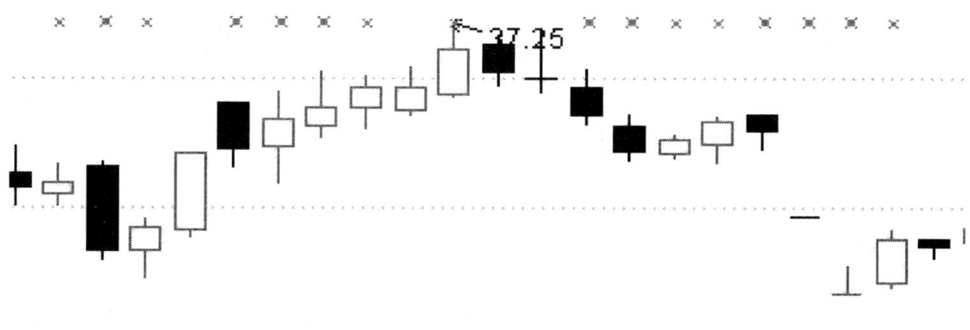

中信证券 2014 年 12 月—2015 年 1 月走势图

第二节　新股民控制风险要领

投资者要在股市中获利，就必须学会规避风险。股市是容易获利，但同时又是一个充满风险的市场，大部分风险是可以规避和减小的。

在投资操作过程中，新股民需要注意从以下几方面的控制风险：

一是从心理上控制风险。在股市投资过程中，给投资者造成严重损失的不仅仅是行情的不确定性，投资者的心理也是引发操作失误的主要原因之一。心态稳定性和心理预期对操作产生巨大影响。行情不稳定时，需要保持稳定的心态，不急不躁；行情低迷的时期，需要克服悲观心理；而在行情极度火热的时候，更要保持冷静的心理。在这里要提醒新股民，牛市中股票容易出现大幅上涨，新股民没有经历大跌或者持续大跌经历，容易麻痹大意。这次牛市是在融资融券背景下进行，尤其买入能进行融资融券的业务股票一定要小心。

二是从操作上控制风险。在某只股票获利抛出后或者止损以后，需要学会适当等待。很多股民今天刚一抛出，明天就买入，永远持有股票。这样的操作在行情向好时固然可以盈利，但在不稳定的行情中将面临较大风险。

三是从仓位上控制风险。仓位越重的投资者，收益可能很大，但冒的风险也越大。一旦行情出现新的变化，大盘如果选择向下时，重仓者将面临严重损失。因此，投资者要根据行情的变化决定仓位，在趋势向好时，可以重仓；在行情不稳定时，投资者要适当减轻仓位，持有少量的股票进行灵活操作。

四是从持股上控制风险。投资者持有的股票品种要分成两部分：一部分是用于短线操作的激进型投资品种；另一部分是用于中长线投资的稳健型投资品种。在持股的种类方面，投资者要减少持股的种类数，持有股票种类数多的话，在实际操作中往往会顾此失彼，特别是在行情突变时，难以及时应变。减少持股的种类数，可以提高快速应变能力，从而抵御风险。

五是从策略上控制风险。控制风险的最有效策略是止赢和止损，一旦投资者发现股指出现明显破位，技术指标构筑顶部，或者自己的持股利润在大幅减少，甚至已经出现亏损时，就需要采取必要的保护性策略。通过及时止赢来保住赢利成果，通过及时止损来防止损失的进一步扩大。

六是从思路上控制风险。投资者之所以容易出现失误，往往是因为对行情的变化缺乏清晰的认识。由于股市本身就存在大量的不确定性因素，如果投资者在对后市行情发展方向缺乏必要认识的前提下贸然介入个股中，往往会招致较大的风险。因此，保持清晰的投资思路是控制风险和获取利润的必要途径。

第三节　牛市中如何规避调整风险

股市是一个充满机遇和挑战的市场，机遇便是一种投资机会，而挑战则是一种风险。我们都知道，重仓容易蒙受巨大损失。所以，这是我们许多投资者要注意规避的风险。那么，我们该怎么规避这种风险呢？伴随大多股票持续上涨后，很多投资者容易滋生骄傲自满情绪。在操作上部分投资者非常激进，不愿意空仓，总是梦想全仓涨一个停板！其实牛市也会有调整，不可能每天都上涨，而且牛市中容易出现杀跌式下跌。若无法规避这种风险，就可能摔得遍体鳞伤。

对这次牛市具备足够借鉴价值的当属 2005—2007 年这次牛市了。自 2005 年 5 月股权分置改革启动以来，开放式基金大量发行，人民币的升值预期带来的境内资金流动性过剩，资金全面涌入市场。2005 年 7 月宝钛股份带头，启动新一轮牛市的火爆。

2006 年 2 月—5 月，有色板块整体走强。2006 年 8 月至 2007 年 10 月，在有色板块龙头带动下，金融、地产、机械、钢铁、汽车、航空、煤炭等绩优股纷纷加入。2007 年 1 月—10 月后绩优股带动低价股、垃圾股的最后的疯狂。2007 年 10 月 16 日，当日沪深两市整体静态市盈率突破 70 倍，当天可交易的 1463 只 A 股加权平均股价为 20. 10 元，股价最低的个股超过 8 元。中小板个股更是一度全线站上 10 元，股价在 40 元以上的达 140 余只，其中百元以上高价股 11 只。A 股在两年多的时间里股价暴涨 6 倍。即使在“5 · 30”调高印花税都没能改变市场的运行轨迹，一路冲高至 6124 点。此轮牛市曾被媒体称为“全民炒股的时代”。百元股多达 11 只。

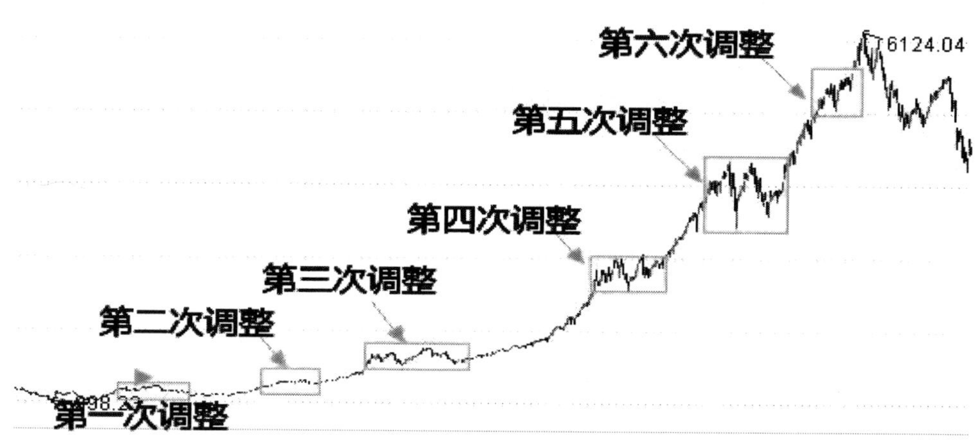

2005—2007 年牛市走势图

纵观这次牛市，2005 年上证指数探底 998 点后，走出一波长达两年多的大牛市，上证股指最高到 6124 点，最大涨幅 514%。上证指数在这次牛市中总共经历了 6 次明显调整。

第一次调整出现在 2005 年 8 月 18 日。这次牛市自 2005 年 7 月 22 日启动，经历将近一个月持续上涨后，上证指数于 8 月 18 日展开牛市第一次调整。这次调整一直到 12 月 6 日才结束。调整花费了将近 3 个月半时间。

2005—2007 年牛市第一次调整

第一次调整持续时间长，振幅大，震荡幅度超过 20%，对大多投资者心理而言都是巨大考验。这次调整更多的是股市出现一个强烈回升，很多老股民从绝望看到一线希望后，开始匆忙“割肉”过程。这个过程很多股民即使介入早，也可能被反复震荡“震”出来了。长达 3 个月的调整时间会让很多人都对牛市是否真的来了产生巨大怀疑，可以判断大部分散户通常不会在高点果断获利了结，而是这次调整更多的是一次清理那些悲观主义的行动。反映了新入场股民在这次调整中对未来是否坚定的洗礼过程，大多投资者在震荡中不会持仓而是选择观望，错过逢低介入良好时机。

第二次调整出现在 2006 年 2 月 16 日至 3 月 13 日。这次调整时间较短，振幅不大。

第二次调整日线图

这次调整更多体现主力以时间换空间，横盘消化。这属于典型的强势整理形态，或者说是一种空中加油形态。

第三次调整出现在 2006 年 5 月 16 日至 8 月 18 日。这次调整过程总耗时也接近 3 个月。

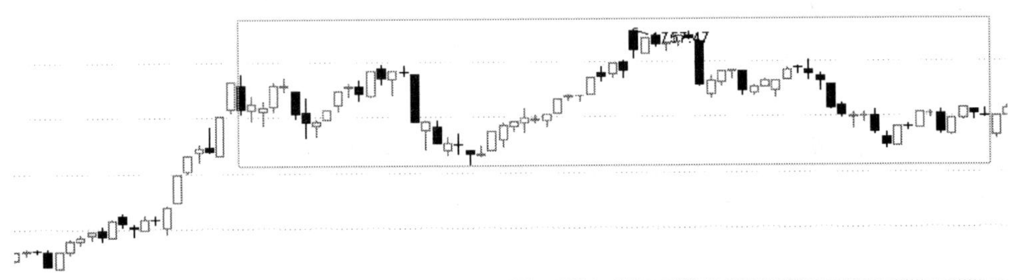

第三次调整日线图

这次调整过程出现五根实体大阴烛，有三次出现大阴烛后迅速引发一波深度回落，另外两次引入市场进入调整态势。因此，一旦上证指数在日线图上出现了实体大阴烛或者接近实体大阴烛，市场节奏很可能会发生转换，应该引起高度注意。

第四次调整出现在 2007 年 1 月 4 日至 3 月 6 日，总共持续了 2 个月时间。

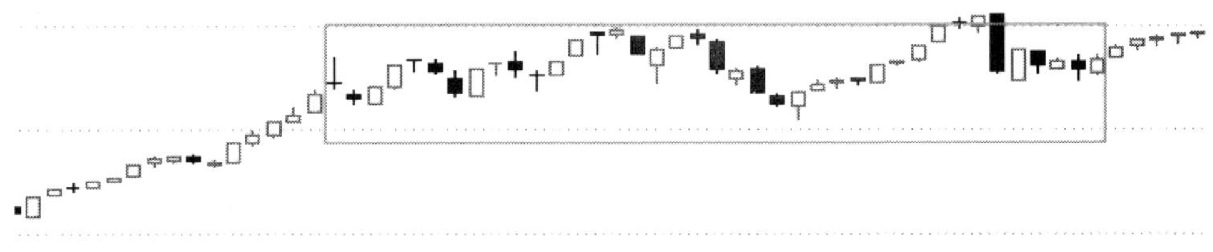

第四次调整日线图

这次调整出现一个典型 K 线形态。在 1 月 4 日前两个月里上证走出一个完美多头排列，而在 1 月 4 日呈现一个上影线很长，实体很短，上影线是下影线 2 倍以上的 K 线。在一波持续上涨过程出现这样一个 K 线就是我们通常所说的“黄昏之星形态”。市场转入调整态势就很明朗了。

第五次调整出现在 2007 年 5 月 30 日至 7 月 20 日。引起这次调整的导火线是印花税的调整。2007 年 5 月 29 日深夜，财政部将股票交易费用中的印花税率由 1‰提高到了 3‰，2007 年 5 月 30 日，A 股上证指数暴跌 281. 81 点，跌幅 6. 5%；深成指跌 829. 45 点，跌幅 6. 16%。其中上证指数在短短的 5 个交易日里最大跌幅达到 21. 49%。

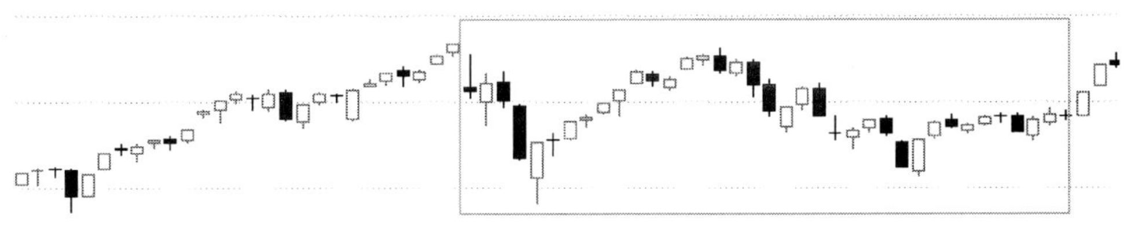

第五次调整日线图

导致股市在短短一周内从4300点一路狂泄至3400点，众多股票连续遭遇3个跌停板，广大投资者因猝不及防而损失惨重，史称“5·30”事件。这次调整给我们最大启迪是，一旦在亢奋时候出现政策可以打压，一旦市场出现大跌，必须果断离场。

第六次调整出现在9月7日至9月27日。这次调整是最后一次调整，而这次调整就如皮球爆炸最后一刻，皮球是绷紧一样，看起来很顽强，出现大阴烛迅速收回，但始终无法马上创新高。市场进行最后博弈。

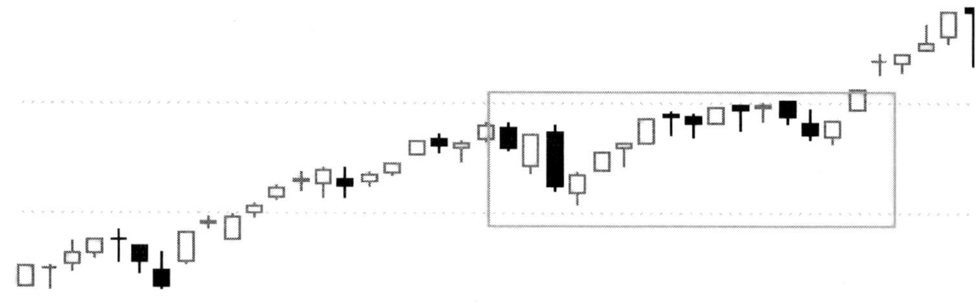

第六次调整日线图

这就是对牛市6次调整的一个概述，希望回顾上次牛市走势能给大家带来一些启迪。不管市场走多牛，也许有调整风险。而这次牛市是在股指期货和融资融券背景下展开，股指波动必然加剧。牛市调整宽度和长度都会加大，意味着调整带来的风险会更大。截至2015年1月末，上证指数走势已经很说明问题了。

新牛市在2014年12月完成第一波主升浪后进入调整阶段，由于融资融券和估值期货因素存在，调整振幅明显加大。因此，投资者尤其新手要高度注意调整带来的风险。

在具体操作中如何规避风险呢？

一波持续上涨时间超过2个月，这一定要谨慎。在接近时间关口建议大幅减仓，甚至空仓。即使减仓或空仓后出现了上涨，建议不参入市场交易。

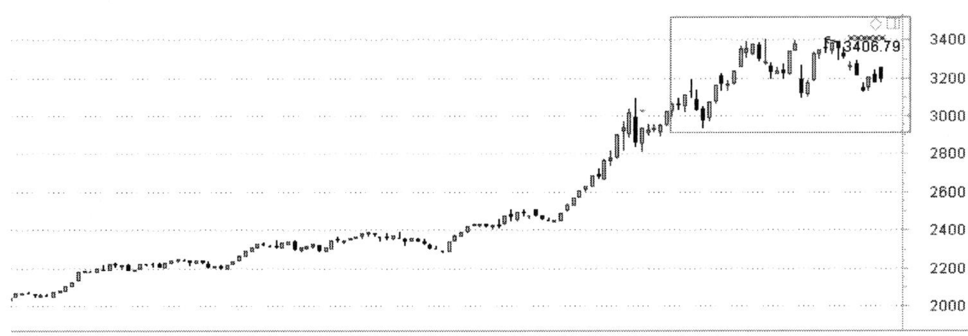

上证指数 2014 年 7 月至 2015 年 2 月初日线图

在持续上涨超过 1 个月后，一旦上证指数日线图出现“黄昏之星”形态或者实体大阴烛，这时应果断清仓观望。

这次牛市中，估计大多调整可能更多会呈现“箱体整理”形态。若投资者一定要参入调整交易，建议当大盘出现调整，调整幅度 15% 左右可以介入。调整阶段的操作要领就是大跌大买，大涨大卖。低吸高抛，仓位不超过半仓。

第四节　学会卖出

在实战中，市场往往会出现这样一种现象。会买股票的投资者不少，但会卖出的投资者很少。很多投资者因为不会卖出股票或者不愿意卖出股票造成被深套。当年“中国石油”刚上市，很多散户投资者买入这个股票。最终这个股票成为套牢散户最有名股票之一。因此，会卖出股票对控制风险很重要。会卖出股票到底有没有一套标准答案呢？这个是没有标准答案的。虽然没有固定的标准答案，但一些卖出股票的基本原则和技巧还是存在的。

1. 目标价位法。

目标价位法是指买入股票时已制定好了盈利目标价位，一旦股价达到该目标价位便抛出股票的操作原则。很多股民在卖出股票后，见其价格又继续上涨，总是很心痛。另一种情况是股民在买入股票后，价格稍一震荡，或者听到一些传闻，便急于“割肉”，或者只赚了很少便抛售，而股价却最终涨到目标价位。与之相反，一些股民见股价涨到目标价位时仍不卖出，期待股价再涨，结果股价不涨反跌。前者是投资者对自己的判断信心不足，后者却是投资者贪欲过大。

为了避免出现上述情况，股民应制定最有利的“目标卖价”。这就要求股民每次在决定买入某一个股之前，对该只股票将来可能的价格变化作一个分析估计，预计它可以涨多少，可能会跌多少，并依据过去的股价水准和股价收益率，或者与同业股价相参照，制定自己卖出的目标价格。制定“目标卖价”是一种预测过程，不应追求以最高价卖出，而应根据股价比买价上涨了几成来决定卖价，至于这几成的数字，完全要根据股票性质及投资者的个性和态度来定。一般来说，如果投资的是股价变动较少的股票，则可将目标价位制定得低一些；而如果投资的是小型股或投机股，则其目标卖价可制定得相对高一些。对于运用目标价位法的投资者来说，通常要掌握公司基本面情况，比如经营情况、市场环境等。

2. 顺势探顶法。

顺势探顶法是指并不事先给股价确定一个目标价位，而是一直持有股票，直到股价显示出见顶迹象时才抛出。

采用这一卖出策略通常需要运用技术分析法，主要是从股价走势的角度判断见顶迹象。当股价持续上升了一段时间后，如果忽然放量大涨，很可能是最后一批追涨者买入，或是主力拉高出货，后续空间已经不大。此外，股价走势逐渐趋缓，后续买盘不足，也是将要见顶的迹象。尤其是股价上升过程中小幅回调后，第二次上涨无法突破前期高点时，通常为见顶迹象，必须卖出。运用顺势探顶法的投资者应经常关注股市，投入较多的时间和精力。

3. 顺序卖出股票。

如果持有若干只股票时，应先卖出股价正在上涨的股票，留下下跌的股票，或者与之相反。两种方法都是正确的，关键要分析上涨空间有多大，或下跌态势和止损点，并将持有的股票依照分析结果一一排序处理。另外，手中的股票同时下跌而出现亏损时，最好一次性卖出，尤其是：①当股价跌到自己的卖出目标价位时；②觉察到自己预测有误时；③整个股市出现下跌趋势时。

在这样的情况下，最好果断出售所有股票。待股价止跌后，重新购入新股，较继续持有旧股，更能减少损失。

4. 技术性卖出股票。

股价高点一旦形成，将会对该股后续的股价进一步涨升产生极为重要的阻碍作用。一则该点位附近被套的投资者在股价再次攀升至此时会产生解套要求，再则股价触摸历史高点时投资者会产生心理上的畏惧，获利回吐压力随之增加。因此如果前期阻力位没有被有效突破的话，投资者应考虑减仓，如果同时处于市场的高点，则有出局的必要。具体可以总结几条经验：（1）某只股票的股价从高位下来后，如果连续三天未收复5日均线，稳妥的做法是，在尚未严重损手断脚的情况下，早退出来要紧。（2）某只股票的股价破20日、60日均线或号称“生命线”的120日半年线、250日年线时，一般尚有8%至15%左右的跌幅，就是有伤害的话，还是先退出来观望较妥，当然，如果资金不急着用的话，死顶也未尝不可，但请充分估计未来方方面面可能发生的变数。（3）日线图上留下从上至下突然击发出大黑棒或槌形并破重要平台时，不管第二天股价是有反弹或没反弹，还是“十字星”时，都应该出掉手中的货。（4）政策面通过相关媒体明示或暗示要出整顿“金牌”告示后，应战略性地渐渐撤离股市。（5）同类（行业、流通股数接近、地域板块、发行时间上靠拢等情况下）股票中某只有影响的股票率先大跌的话，其他股票很难独善其身，手里有类似股票的话，先出来再说。(6）股价反弹未达前期制高点或成交量未达前期高点时，不宜留着该只股票。(7）“雪崩式”股票什么时候出来都是对的。

第七章　新股民盈利必备知识

第一节　K 线和 K 线形态

很多新股民进入市场后，看到各式各样的图形和指标，感觉新鲜好奇。于是，有一部分新股民什么都想学，什么都想了解一下。有时，看到股票走势依据指标指向方向运行会特别激动。但有经验的老股民都清楚，不管什么指标和技术分析都会有它局限性。加之中国市场相对封闭，个股容易操作，很多指标会被庄家利用起来做假象。因此，投资者尤其新股民在学习技术分析时一定要掌握关键的分析手段和工具，而不是眉毛胡子一把抓，弄得自己都不知道该相信哪些指标和工具，迷失了自己。在所有技术分析手段和工具中，最基础也是最重要的技术分析工具就是 K 线和成交量。这两个是对价格和交易的真实记录。很多指标和理论都在它基础上发展起来。因此，它们是技术分析的基础工具，也是最有效的分析工具。

下面，我们先来了解一下 K 线。

了解 K 线我们就要先了解 K 线的来源，要了解 K 线来源，我们可以先做一个假设，若没有 K 线，投资者怎么观察股票价格变动呢？我想很多人会想到分时图。下面是上汽集团 2014 年 12 月 9 日的分时图。

要了解当天的价格波动，投资者会更喜欢看这种分时图。但是假如我要问，在这之前的一个交易日这只股票的走势如何？再往前的一个交易日走势如何？前一周的走势如何？很多投资者可能就被问懵了，因为分时图并不能精确地反映这个问题。而 K 线图却刚好能够解决这些问题。人的思维广度和深度都是有限的，我们不可能长时间地记忆每时每刻的价格波动情况，如果能有一种工具能够记录下每个特定周期的开盘价、最高价、最低价、收盘价这四个最重要的信息点，那么对我们的长期跟踪和研究就会特别有益处。

很多股民可能不知道，K 线图又被称为“蜡烛图”“大米图”“日本线”。

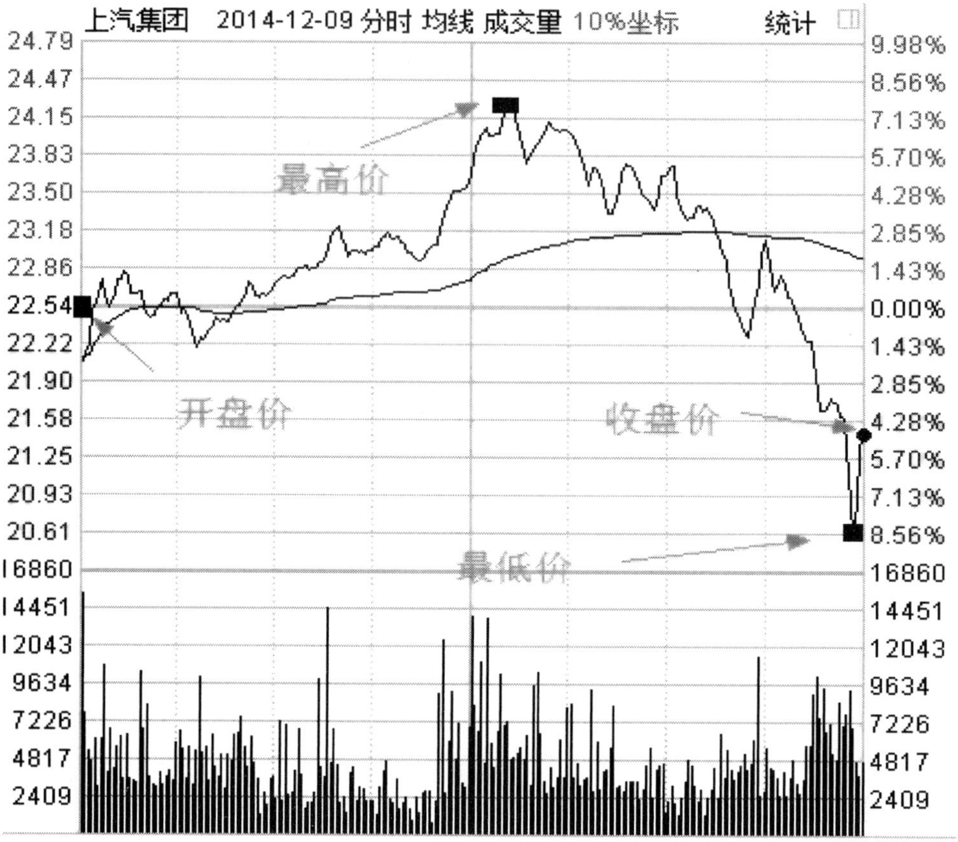

图 7-1 上汽集团 2014 年 12 月 9 日分时图

因为 K 线图作为技术分析的一种，最早为日本人于 19 世纪所创，被当时日本米市的商人用来记录米市的行情与价格波动，包括开市价、收市价、最高价及最低价，阳烛代表当日升市，阴烛代表当日跌市。这种图表分析法在当时的中国以至整个东南亚地区均尤为流行。由于用这种方法绘制出来的图表形状颇似一根根蜡烛，加上这些蜡烛有黑白之分，因而也叫“阴阳线图表”。通过 K 线图，人们能够把每日或某一周期的实况表现完全记录下来，股价经过一段时间的盘档后，在图上即形成一种特殊区域或形态，不同的形态显示出不同意义。可以从这些形态的变化中摸索出一些有规律的东西出来。K 线图形态可分为反转形态、整理形态及缺口和趋向线等。后 K 线图因其细腻独到的标画方式而被引入到股市及期货市场。

K 线是一条柱状的线条，由影线和实体组成。影线在实体上方的部分叫上影线，在实体下方的部分叫下影线，如图所示。

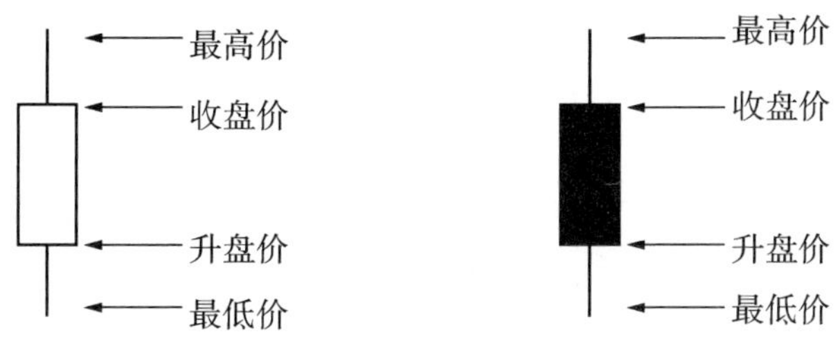

图 7－2　K 线图形

实体分阳线和阴线两种，又称红阳线和黑阴线。一条 K 线记录的就是某一种股票一天的价格变动范围。K 线是新股民需要了解的一项重要技术指标，下面，我们就对 K 线的一些常用术语名词进行解释。

上影线：在 K 线图中，从实体向上延伸的细线叫上影线。在阳线中，它是当日最高价与收盘价之差；在阴线中，它是当日最高价与开盘价之差。由此，带有上影线的 K 线形态，可分为带上影线的阳线、带上影线的阴线和十字星。形态不同，多空力量的判断就不同。

下影线：在 K 线图中，从实体向下延伸的细线叫下影线。在阳线中，它是当日开盘价与最低价之差；在阴线中，它是当日收盘价与最低价之差。光头光脚的阳线和阴线：既没有上影线也没有下影线的阳线和阴线。

大阳线（长红）：开盘价近于全日的最低价，随后价格一路上扬至最高价处收盘，表示市场买方踊跃，涨势未尽。

大阴线（长黑/长绿）：开盘价近于全日的最高价，随后价格一路下滑至最低价收盘，表示市场强烈跌势，特别是出现在高价区域，更加危险。

下十字线：开盘后价格大幅下滑，但在低位处获得支撑，下方买盘积极主动，最终在最高价附近收盘，属强势。当长下影线出现在低价区时，常常是重要的反转信号。

倒十字线：价格冲高后在高位处遇到强大阻力，最终被迫在开盘价附近收盘。虽有上攻愿望，但市场有修整要求，弱势。当倒十字线出现在高价区时，常常是重要的变盘信号。

十字星：买卖双方势均力敌，走势平稳；但在强势市中，十字星往往成为市场强弱转换的交叉点，后市可能变化。

一字线：四价合一的 K 线反映出市场成交清淡，后市难有大的变化；但如果出现在涨停（跌停）处，表明买卖双方力量悬殊太大，后市方向明确，短期难以逆转。

K 线图技术分析方法：K 线图是进行各种技术分析最基础的图表，K 线类的研究是侧重于若干天的 K 线组合情况，笔者认为 K 线组合最好 5 根以上柱状线条更有价值。在底部形态大家需要重点关注的是圆弧底和匍匐形态。在顶部则要关注头肩顶和 M 头形态。

最后，投资者应当要清楚，K 线是价格运行轨迹的综合体现，无论是开盘价还是收盘价，甚至是上下影线都代表着深刻的含义，但是运用 K 线绝对不能机械地使用，趋势运行的不同阶段出现的 K 线或者 K 线组合代表的含义不尽相同。研究 K 线首先要明白如下几个要素。

第一，同样的 K 线组合，月线的可信度最大，周线次之，然后才是日线。当然，有的投资者喜欢分析年线或者分钟线，通过对期货市场和股票市场的研究，笔者认为参考意义不大。月线出现看涨的组合上涨的概率最大，周线上涨的组合可信度也很高，而日线失误的概率较大，但是很常用。因此，在运用 K 线组合预测后市行情时，日线必须配合周线和月线使用效果才能更佳。

第二，股价运行的不同阶段出现同样的 K 线组合代表含义不相同。比如，同样是孕线，在下跌段尾声出现就比震荡阶段出现的见底信号更可信。所以，我们不能一见到孕线或者启明星线就认为是底部到来，必须结合整个趋势综合来看。

第三，K 线组合必须配合成交量来看。成交量代表的是力量的消耗，是多空双方博弈的激烈程度，而 K 线是博弈的结果。只看 K 线组合，不看成交量，其效果要减半。所以成交量是动因，K 线形态是结果。

以上这三个要素是研究阴阳 K 线的前提，假如我们忽略了以上这三个要素，在研究和使用 K 线技术的时候就会陷入一种机械套用当中，最终可能会影响到其准确率，所以，这是值得所有投资者注意的地方。

第二节 成交量

成交量是市场行为最基本、最原始的两大表现之一，也是技术分析的基本要素，是投资人看盘的一个主要焦点。“道氏理论”中明确强调交易量在确定趋势中的重要作用。

成交量是指单位时间内股票交易市场或个股买卖的交易总量。每一笔买单或卖单均对应一笔卖单或买单，成交表明买卖双方均对此价格认同，认为此价格合理，方能达成交易。成交量的大小，直接表明了市场上多、空双方对市场某一时刻股价的认同程度，成交量大，表明了多空分歧大。反之，多空分歧小。如果一方在此价格无法买到，自然会出高价买进，价格将会上升。反之，如果一方在此价位无法卖出，将会挂出低价卖出，那么价格势必下跌，股票价格的涨跌就此产生。

成交量的大小，可以衡量股票市场或个股交易的活跃程度，并由此观察和了解买卖双方进入或退出市场的状况。有经验的投资者，往往把整个市场或个股的成交量作为衡量和观察市场趋向变动的前提，并从中寻找主力机构或探寻庄家的动向，选择入市或退出市场的时机。

成交量是股票市场的原动力，没有成交量配合的股价如同无本之木，因此，成交量是投资者分析判断市场行情，并做出投资决策时的重要依据，也是各种技术分析指标应用时不可或缺的参照。

成交量与股票价格、交易时间、投资者意愿、市场人气等诸多因素互为因果，相互影响。成交量的变化过程就是股票投资者购买股票欲望彼消此长的变化过程，也是市场人气聚散的过程。当人气聚敛，成交量增大，会吸引更多的投资者介入，必定刺激股价攀升；股价升至一定高度，投资者望而却步，成交量开始徘徊，获利盘纷纷出手，成交量放大，又会导致人心趋散，股价就会下跌；而当市场恐慌，抛盘汹涌，成交量的放大似乎又成为人气进一步涣散的引信；待到股价继续下跌，成交量萎缩，投资者唯恐逃脱不及，供大于求，股价又走入低谷……如此循环往复。

如果从参与者的属性来区分、界定成交量的买进方与卖出方的关系，那么成交对象可分为：

（1）散户卖出，散户买进；

（2）散户卖出，主力买进；

（3）主力卖出，散户买进；

（4）主力卖出，主力买进。

其中第四种又分为不同的主力换庄、相同主力对倒下跌、相同主力对倒拉升、不同主力之间协议转让。

需要提醒的是，仅仅根据成交量，并不能准确判断价格趋势的变化，至少还要有价格确认。虽然成交量是价格变化的一个重要因素之一，也是一个可能引起本质变动的因素，但是在大多数时候，只起到催化剂的作用。

通常成交量的表达方式主要有三种：成交量、成交额、换手率。

1. 成交股数（VOL）。

这是最常见的指标，也是平常谈论中所指的成交量，它非常适合于对个股成交量做纵向比较，即观察个股历史上放量与缩量的相对情况。但是，最大缺点在于忽略了各个股票流通盘大小的差别，难以精确表示成交活跃的程度，不便于对不同股票做横向比较，也不利于掌握主力进出的程度。当然，在对个股研判时，目前最常用的还是成交股数（成交量）。

2. 成交金额（AMOUNT）。

成交金额直接反映参与市场的资金量多少，常用于大盘分析，因为它排除了大盘中各种股票价格高低不同所造成的干扰，通过成交金额使大盘成交量的研判具有横向的可比性。通常所说的两市大盘成交多少亿的成交量就是指成交金额。对于个股来讲，如果股价变动幅度很大，用成交股数或换手率就难以反映出主力资金的进出情况，而用成交金额就比较简单明了。如中国联通（600050）在2004年初构筑头部时，用成交换手来看，高位放量并不明显，主力似乎没有出货的迹象，但用成交金额AMOUNT来看，实际上已有一个高位放量、主力出货的过程。

3. 成交换手率（HSS）。

成交换手率即每日的成交量/股票的流通股本，可以作为看盘时取代成交量的固定运用指标，比较客观，有利于纵向、横向比较，也能准确掌握个股的活跃程度和主力动态。成交换手率可以帮助我们跟踪个股的活跃程度，找到“放量”与“缩量”的客观标准，判断走势状态，尤其是在主力吸筹、拉升和出货阶段，可以估计主力机构的控筹量。当然大部分的分析软件并不提供成交换手率的走势图，只提供当日的成交换手率数值，因此，运用成交换手率时，还需要用一个能编写指标公式的软件即可完成。

一般而言，日换手率 $<3\%$ 时为市场冷清，一种情况是该股属于散户行情，另一种情况是已高度控盘，庄股在高位振荡之际往往成交量大幅萎缩，换手率低。日换手率 $>3\%$ 且 $<7\%$ 时为活跃，表示有主力机构在积极活动。日换手率 $>7\%$ 为热烈，筹码急剧换手，如发生在高位，尤其是高位缩量横盘之后出现，很可能是主力出货，如果日换手率 $>7\%$ 发生在低位，尤其是在突破第一个强阻力区时，很可能是主力在积极进货。

第三节　价值投资的精髓

价值投资是当今成熟市场最主流的投资方式和最受推崇的投资理念。伴随中国股票市场逐渐走向成熟，价值投资将逐渐成为市场主流投资方式之一。因此，投资者必须对其有所了解。要讲述价值投资就不得不提到一个人，他就是沃伦·巴菲特。他是当今世界最成功股票投资人，没有之一。

很多新股民可能对他的故事不是很了解，在这里我们简单介绍巴菲特辉煌的投资经历。下面是几笔最成功的投资。

（1）可口可乐：投资13亿美元，至2003年持有15年，盈利88亿美元，增值6.8倍。（2）华盛顿邮报：投资1 000万美元，到2003年持有30年，盈利12亿美元，增值128倍。（3）吉列公司：投资6亿美元，到2003年持有14年，盈利29亿美元，增值近5倍。（4）政府雇员保险：持有20年，投资4571万美元，盈利23亿美元，增值50倍。

他能如此成功绝非偶然，很多人都努力总结成功经验，其中有几点是取得共识的：

第一法则：竞争优势原则。

好公司才有好股票：那些业务清晰易懂，业绩持续优秀并且由一批能力非凡的、能够为股东利益着想的管理层经营的大公司就是好公司。最正确的公司分析角度——如果你是公司的唯一所有者。最关键的投资分析——企业的竞争优势及可持续性。最佳竞争优势——游着鳄鱼的很宽的护城河保护下的企业经济城堡。最佳竞争优势衡量标准——超出产业平均水平的股东权益报酬率。经济特许权——超级明星企业的超级利润之源。

第二法则：现金流量原则。

新建一家制药厂与收购一家制药厂的价值比较。价值评估既是艺术，又是科学。估值就是估老公：越赚钱越值钱越有驾驭金钱的能力。体现企业未来现金流量的贴现值。估值就是估老婆：越保守越可靠。巴菲特主要采用股东权益报酬率、账面价值增长率来分析未来可持续盈利能力。估值就是估爱情：越简单越正确。

第三法则：“市场先生”原则。

在别人恐惧时贪婪，在别人贪婪时恐惧。市场中的价值规律：短期经常无效但长期趋于有效。

第四法则：安全边际原则。

安全边际就是“买保险”：保险越多，亏损的可能性越小。安全边际就是“猛砍价”：买价越低，盈利可能性越大。安全边际就是“钓大鱼”：人越少，钓大鱼的可能性越高。

第五法则：集中投资原则。不要轻易交易，一旦决定好，就集中资金买入。集中投资是实现高收益的一个重要策略，当赢的概率高时下大赌注。

第六法则：长期持有原则。长期持有就是龟兔赛跑；长期内复利可以战胜一切。

看完巴菲特的故事，大家可能对价值投资有了一个初步认知了。现在我们就来详细介绍一下什么是价值投资。

价值投资是由格雷厄姆创立，由费雪、巴菲特、彼得林奇等发扬光大，并由巴菲特集大成并取得极大成功的一种投资哲学和投资策略，目前在资产管理领域占据主导地位，对促进资本市场的发展，提高市场效率起到了非常积极的作用。价值投资者在投资职能方面与前两类投资者没有太大的差别，最大的区别在于价值投资者专注于借助资本市场来进行其资本配置，在性质上属于金融资本，而前两类投资者则属于实业资本。价值投资者基本上不参与企业的经营管理，只专职于对其资本进行配置。

价值投资的本质。1934 年本杰明·格雷厄姆与戴维·多德于合著完成了《证券分析》（*Security Analysis*），在此书中格雷厄姆系统阐述了价值投资的核心：用基础分析方法来衡量一家上市公司的“内在价值”，并以此作为投资准则。格雷厄姆唯一关心的是公司的股票价格相对于其内在价值是否廉价。“我们的方法看似简单得让人不敢置信，既没有经济周期或大盘走势的预测，也没有选定特别的企业或公司，我们不考虑产业差别，一视同仁地单纯以股票的吸引力作为评估标准”。格雷厄姆强调买入价格与内在价值相比要有足够的安全边际。在投资期限上，格雷厄姆给每只股票设定的最长持有期限为两年，凡在两年内不能达到盈利 50% 的目标的个股都要在期满后以市场价格卖出。

本杰明·格雷厄姆是价值投资的开创者，为价值投资奠定了方法论的基础。但将价值投资发扬光大，并使之闻名于世的却是沃伦·巴菲特。巴菲特在继承了格雷厄姆价值投资策略精髓的基础上又吸收了费雪长期持有优秀成长公司股票的策略。格雷厄姆的投资策略完全不考虑公司的质地，这无疑是其投资策略中最大的弱点。与格雷厄姆不同，费雪强调寻找未来几年每股盈余具备大幅增长潜力的“真正杰出的公司”。费雪在他的《怎样选择成长股》中写道：“找到真正杰出的公司，抱牢它们的股票，度过市场的波动起伏，不为所动，也远远比买低卖高的做法赚得多。”费雪的投资策略恰好弥补了格雷厄姆投资策略不考虑公司质地的不足。巴菲特将格雷厄姆与费雪的投资策略进行了完美的融合，最终形成了自己的投资策略。巴菲特把自己的投资策略描述为“85%的格雷厄姆和15%的费雪”。巴菲特的投资策略分别吸收了格雷厄姆的内在价值原则、“市场先生”原则、安全边际原则，以及费雪的竞争优势原则、集中投资原则和长期持有原则，这些原则构成了巴菲特价值投资策略的核心。

对于价值投资演变的阐述，能够帮助我们真正把握价值投资的本质。我们认为，价值投资的本质就是寻找内在价值与市场之间的差异，并在“市场先生”的帮助下在内在价值和市场价格之间进行套利。

价值投资者的特征。通过对格雷厄姆、费雪、巴菲特等投资大师的研究，我们认为价值投资者具有以下一些共同特征：

以价值评估为核心。这也是价值投资者与其他类型投资者之间的本质差别。价值投资者盈利的关键是利用股票市场中价值与价格的背离来进行套利，因此价值评估是价值投资成功的基石。巴菲特对于价值评估的解释是，“内在价值尽管模糊难辨，但它却是评估投资和企业的相对吸引力的唯一合理标准。内在价值的定义很简单，它是一家企业在余下的寿命中可以产生的现金流量的贴现值。但是内在价值的计算并不如此简单。正如我们定义的那样，内在价值是估计值，而不是精确值，而且它还是在利率变化或者对未来现金流的预测修正时必须改变的估计值”。因此，对企业价值进行评估，并密切关注估值假设是否在后来的运营过程中得到验证，进而根据估值假设的变化对估值结果进行调整是价值投资者的核心工作。

偏好有稳定历史的成熟型企业这一特征是由价值投资者以价值评估为核心的特征所决定的。企业的经营前景是影响价值投资者对于企业价值进行评估的一个决定性因素，而企业的长期发展前景会受很多不确定性因素影响，因此对企业的经营前景进行判断是一件非常困难的事情。而有着长期稳定经营历史的企业，时间已经证明了它们拥有超出其他企业的竞争力，这种竞争力保证了它们在未来的竞争中仍能够处于优势地位，其经营前景值得期待，不确定性较小。而资产重组型和经营改善型企业则不太受价值投资者欢迎，巴菲特在追踪了数百家经营改善型（turn around）企业后发现，这些企业能够发生根本改变的只是极少数个例，它们中的大多数仍不值得投资。他在伯克希尔 1980 年的年报中写道："我们的结论是除了极少数例外，当一个拥有聪明能干名声的经理人加入一个拥有不良经济特征的企业，往往是企业的坏名声依然完好无损，而经理人的好名声却毁于一旦。"充分利用市场失效来进行价值和价格的套利，价值投资者是市场有效理论的坚决反对者，他们认为市场价格经常会偏离价值，并且在这种偏离后，市场会出现自我纠正的趋势。格雷厄姆把影响证券价格波动的因素比喻为"市场先生"，"市场先生"是一个情绪容易波动的家伙，他会根据各种各样难以预料的情绪来报价，使价格落在他愿意成交的价格上。价值投资者视"市场先生"为朋友，他们认为"市场先生"的情绪越狂躁对他们越有利。他们将价值投资成功的根本原因归结于价格波动带来的投资机会。价值投资者对于市场失效的利用，在客观上也起到了提高市场效率、优化资源配置的作用。

不介入企业的经营，根据股权比例适度介入公司治理价值投资者选择的投资标的集中于那些由优秀管理团队管理的经营状况良好的企业。因此，价值投资者在介入公司后，通常无意改变公司的管理团队和经营现状。对于他们来说，维持现状是最好的选择。他们一般不介入企业的经营，只根据股权比例适度介入企业的治理结构。巴菲特认为他的工作只有两项，除资产配置外，剩下的工作就是吸引并留住才华横溢的经理来管理他旗下的各类业务。"这并不难，通常，与我们收购的公司一并而来的经理们，已经在各种迥异的公司环境的职业生涯中证明了他们的才华，他们在认识我们以前就早已是管理明星，我们的主要贡献就是不挡他们的路"。

价值评估的途径和方法价值评估就是对企业进行定价，为此需要对企业在生命周期内的自由现金流进行预测，并用适当的贴现率予以贴现。由于企业经营的不确定性，对其未来自由现金流的预测是一件相当困难的事，为了提高预测的准确性，必须对企业进行以下几方面的分析，在此基础上对企业的发展前景做出判断，做出合理的假设，对企业在生命周期内的自由现金流进行预测。

业务分析价值投资评估的是企业，而业务分析无疑是企业评估的起点。进行业务分析必须解答的三个问题是：企业的业务是否具有长期稳定特征、企业业务是否具有经济特许权、企业经营是否具有长期竞争优势。具有长期稳定的业务是企业成功的基础。

长期稳定的业务是企业建立竞争优势的前提，企业竞争力的建立需要时间的积累和检验，一个业务频繁变换的公司很难让人相信它能够在一个领域中建立起竞争优势。企业的竞争优势是在多年的经营过程中通过不断强化现有优势以及不断发展创新的过程中建立起来的，只有通过长时间积累建立起来的优势才是竞争对手短期内难以学习和复制的。

行业估值与全球范围横向比较。

价值投资核心就是发现那些被低估的优质股票。何谓低估？这就需要一个衡量标准和参照股。现在一般用“市盈率”这个指标评判标准。市盈率（earnings multiple，即 P/E ratio）也称“本益比”“股价收益比率”或“市价盈利比率（简称市盈率）”。市盈率是某种股票每股市价与每股盈利的比率。市场广泛谈及市盈率通常指的是静态市盈率，通常用来作为比较不同价格的股票是否被高估或者低估的指标。一般认为，如果一家公司股票的市盈率过高，那么该股票的价格具有泡沫，价值被高估。当一家公司增长迅速以及未来的业绩增长非常看好时，利用市盈率比较不同股票的投资价值时，这些股票必须属于同一个行业，因为此时公司的每股收益比较接近，相互比较才有效。现在我们让投资者来看一份我们专业人士经常统计和研读的报告：这份报告可以简单理解为把成熟市场对各行各业估值与中国市场估值做一个比较。我们将 A 股放置在全球范围内做了一次全面的横向比较，试图从观察到的现象解释 A 股的估值水平与全球其他重要市场产生差异的机理，并推断 A 股估值水平在未来可能的波动区间和运行方向。看懂这份研究报告，投资者就很容易了解到自己买的股票估值是否合理，是否存在很大风险。

以美、欧、日三大市场为首的发达国家受益于流动性的大规模扩张，其风险资产的价格水平在近四年出现了较大涨幅。但是，中国市场的结构性问题依然严峻，涵盖了成长股的深圳综合指数和集聚了传统产业的上证综合指数的估值比已经达到了3.2倍，创出历史新高。我们按GICS行业分类，试图考察24个二级行业在四地的估值水平。由于各市场行业结构方面存在差异，为了保证样本的有效性并适应中国投资者的行业分类习惯，我们最终选取了非日常生活消费品、信息技术、医疗保健、日常消费品、工业、公用事业、原材料7个一级行业以及12个二级行业作为重点观察对象。下文所采用数据时间为2014年9月18日，单位均以亿美元计。

各行业全球估值水平分析非日常生活消费品：耐用消费品及服装。全球总计有6866家非日常生活消费品公司，其中耐用消费品与服装2250家，占比超过30%，当前总市值规模接近1.5万亿美元，平均每家公司市值大致为6.7亿美元。与其他四个行业相比，该行业分支较多、行业集中度相对较低，并且由于大部分行业处于产业生命周期的成熟阶段，因此整体市盈率水平偏低仅为18倍，高于市盈率水平为11倍的汽车与汽车零部件行业。

美、日、中三国耐用消费品的行业结构显著地反映了三国在全球产业链结构中的比较优势以及行业分工。全美耐用消费品TOP10市值的公司中，有7家均为纺织品、服装企业，市值占比达到80%。美国龙头纺织品服装企业市盈率水平在27倍左右，但是剔除掉正在快速垄断“功能性运动服”市场的安德玛公司（Under Armour，目前市值近150亿美元，P/E90倍），整体的市盈率水平下降至22倍左右。简要分析NIKE公司历年财报可以看出，对于龙头纺织品服装企业而言，在美国市场估值提升的动力已由最初的销售增速转为ROE的强劲上升，这种情形在行业内的其他龙头公司体现得亦十分明显，诸如VF公司的正面案例，以及Michal Kors和Ralph Lauren的负面案例。

日本与美国的情况形成了鲜明反差。目前，全日本市值TOP10的耐用消费品公司基本为家用电器和消费电子行业。由于本国经济深陷泥沼，日本央行采取超常规的货币政策使得日本各行业的估值抬高。目前，日本前十大公司市值的加权市盈率水平达到33倍，全部耐用消费品加权市盈率水平为27倍，由于300亿美元市值的松下电器公司市盈率水平已接近60倍，这显著地拉高了整体的市盈率水平。

中国的耐用消费品以及服装业上市公司总计139家，以市值加权计算，前十大公司市盈率水平为25倍，全部公司市盈率水平总计为45倍。造成此种情形的主要原因在于耐用消费品与服装业的细分子行业共性不强，因此需要拆分来考虑。根据中国行业的结构特征，我们重点观察家用电器、消费电子两个细分子行业的情况。

全球主营家用电器的上市公司总计 164 家，总市值规模约 1500 亿美元。而中国以 35 家家用电器上市公司，合计 640 亿美元市值规模高居全球第一。而香港市场则以 14 家公司，140 亿美元市值规模位居次席，美国 6 家家用电器公司合计 135 亿美元排第三。目前全球 164 家家用电器的市盈率水平为 23 倍，而前十大公司市值加权市盈率水平仅为 14 倍。分国别来看，日本和美国的市盈率水平分别只有 16 倍和 17 倍。由于中国家电业的市值占全球总市值的 42%，因此，中国市场对全球家用电器的定价是处于主导地位的。而具体到中国，前十大龙头公司的市盈率水平为 18 倍，所有公司市盈率水平合计近 23 倍。从家电业全球定价水平的分析中我们可以看到：

（1）单纯地批判中国市场定价水平不合理缺乏足够论据，用板块归属来探讨 A 股的估值水平将在未来逐渐失去指导意义；

（2）中国市场同样具备全球定价的话语权，关键的问题是行业是否具有全球范围内的竞争优势；

（3）中国家电业作为 20 世纪 90 年代国企改制中变革最为彻底的行业，在 20 年的时间里孕育了全球领先的家电业龙头，表明中国企业同样具备创新能力，市场化的土壤是各个竞争性行业蓬勃发展的前提。这无疑对当前竞争性领域的国企改革在未来的持续推进树立了优良典范。

全球总共有 148 家消费电子上市公司，合计市值近 1500 亿美元。除了美国的 24 家上市公司以外，大部分消费电子公司集中于亚太发达地区，日本、韩国、中国香港、中国台湾四大市场消费电子总计达到 72 家，总市值规模接近 900 亿美元。

剔除掉 66 家不可比公司，全球剩下的 82 家消费电子公司当前市盈率水平高达 41.2 倍。中国消费电子行业的定价水平处于全球最高位，达到 41.3 倍，而剔除四川长虹（市值 32 亿美元，估值 192 倍）后为 37 倍。分地区来看，亚太地区的新兴市场和发达市场并无太大差异，日本、韩国、中国台湾三大市场市盈率水平非常接近，平均达到 34 倍，而美国市场仅有 22 倍。从这个角度而言，一直以来投资者认为中国消费电子业市盈率偏高的想法可能需要更多论据来支撑，至少在亚太地区各市场的数据并不支持该判断。

非日常生活消费品：传媒和媒体业分为广告、广播、有线和卫星电视、电影娱乐以及出版业五大细分子行业。从最新的市值占比来看，有线和卫星电视占33%，为传媒业中最大的细分子行业，依次是占比25%左右的电影与娱乐业、占比15%左右的广播业，以及占比16%的出版业和占比10%左右的广告业。毫无疑问，美国在全球媒体业的估值定价中占据主导地位，其传媒业总市值目前已接近9000亿美元，市值规模比全球其他市场加总仍高50%左右。目前海外市场媒体业的估值基本处于26倍左右，各细分子行业之间估值水平无太大差别，其中有线和卫星电视稍高，为29倍。

美国媒体业市值TOP10公司中以有线电视和电影娱乐业为主。其前十大市值加权市盈率水平仅为21倍，其中电影娱乐业的估值为19倍。英国媒体业市值TOP10公司中出版业公司总共有7家，总市值占比接近50%，其前十大市值公司加权市盈率同样仅为20倍。欧美龙头传媒公司的市盈率不管其行业结构如何，基本维持在20倍左右的规模。中国A股市场传媒业的构成综合了美国和英国的特征，出版业总共有5家，其余5家分属于有线和卫星电视、电影娱乐以及广告业。10家公司总市值加权高达50倍，剔除市盈率高达123倍的华数传媒，仍接近38倍。不过，分行业来看，我们认为中国市场国有体系的传统出版业估值基本处于合理区间。存在显著高估的主要是电影娱乐业的估值水平，目前A股电影娱乐业的估值水平与2 000年美国科技股泡沫时期电影娱乐业的估值水平相当。

值得引起注意的是：

（1）从市值规模而言，中国的媒体业并不能算作是新兴市场，目前其总市值规模已接近660亿美元，不仅高于日本、韩国、中国香港等亚太发达市场的水平，也高于欧元区的德国，在全球主要资本市场中排名第四。

（2）虽然国内的公司基本为行业内发展较为成熟的大公司，但是由于中国证监会对公司上市设定了较为严格的财务门槛，使得大部分创业型公司无法在A股融资，导致A股市场无法反应的真实情况。以广告业为例，目前中国有17家广告公司上市，总市值规模接近100亿美元。在A股上市广告公司总计4家，占17家广告公司市值规模的近80%。由于标的相对稀缺性，A股的公司显著抬高了中国媒体行业的市盈率水平，导致17家上市公司总市值加权市盈率水平达到44倍。而中国香港和美国市场分别为6家和7家，剔除掉A

股的影响，剩下的公司总市值加权市盈率水平则下降至 23 倍，与全球的估值水平十分接近。

非日常生活消费品：之所以美国零售业前十大市值公司的加权市盈率能够高达 30 倍，主要是受最大的在线电视电影节目供应商奈飞公司的影响。该公司总市值达到 291 亿美元，PE 接近 145 倍。若剔除市值排名第二的 PRICELINE GROUP（总市值 623 亿美元，PE30 倍）以及排名第 6 的奈飞集团（总市值 291 亿美元，PE145 倍），那么美国线下前十大市值的零售业总市值加权平均仅为 20 倍。

美国传统的综合货品商店在整个 TOP 市值总计的比重不超过 15%，实体综合零售店的行业演变方向只有两条途径：其一，选择向专营零售店的方向转型。其二，改变商业模式，由 Offline 向 Online 转变。很显然，从美国当前的情况来看，选择第一途径对估值的提升并不显著。以美国最大的家具建材零售商家得宝公司（The Home Depot，Inc.）为例，金融危机以后公司股价触底回升，从 2008 年 10 月初的 17.05 美元的历史低位上升至近 90 美元。但是，在过去的 5 年里，公司市盈率水平基本处于 15～25 倍的区间均衡波动，推动公司股价屡创新高的动力则来自于其 ROE 的强劲回升，其最近一个季度的 ROE 更是创出历史新高，达到 38.81%。这与由估值推动股价上涨的奈飞公司形成了鲜明对照。

目前，全球总共有 195 家多元化实体零售公司在各大交易所上市交易，中国占据了 52 家综合货品商店的 20%，143 家百货商店的 34%。而亚太地区总共有 137 家实体零售公司，占全球的近 70%，其中中国 55 家，日本 33 家，两国总共占据了亚太地区实体零售公司的近 65%。因此，我们认为在零售业的全球估值对比中除了要考虑美国的定价水平，日本的定价水平也可供参考。

对比的结果显示：

（1）中国的实体零售业龙头公司定价水平在全球范围内是偏低的，前十大市值零售业公司市值加权市盈率水平为 18 倍，美国剔除互联网零售公司市值加权市盈率水平为 20 倍，而日本目前高达 32 倍。

（2）若考虑全样本，中国的零售业所有公司市值加权市盈率高达 41 倍，而日本却下降至 27 倍。中国商贸零售企业存在强烈的国企改革预期是导致整个板块估值水平出现溢价的主要原因。结合美国和日本的情况，我们认为从长远来看 A 股零售业的估值存在向均值回归的压力。一旦国企改革的预期落地，即意味着传统的国有企业未来将由效率更高的民营企业来运营，与此同时由改革预期所带来的溢价瞬间消失。从全球的定价水平而言，考虑到各时期全球流动性环境带来的溢价（/折价），优秀的龙头企业的估值水平大致在 15～25 倍的区间波动，那么对于那些含有改革预期的公司而言，估值从 40 倍向 25 倍左右回归即为现实要求。另一方面，当前估值被显著压低的海宁皮城、豫园商城、天虹商场、大商股份、王府井等公司而言则存在估值向上修复的空间，这取决于之前我们提到的两点条件：其一，企业在诸如服装零售、汽车零售、电子产品零售或者家庭装潢零售上进行专业化经营，并努力做到 ROE 的稳步提升；其二，在互联网浪潮时期及时调整商业模式，享受从 Offline 向 Online 转变的估值溢价。

信息技术：软件与服务全球信息技术行业总计有 5709 家上市公司，从事软件服务业的总计有 2567 家，以市值加权计算的市盈率水平近 40 倍。在近 3.96 万亿的市值规模中美国市场高达 2.6 万亿美元，占据全球总市值规模的 65.5%。毫无疑问，美国是全球软件服务业的绝对主导者。

在美国市场以外，以中国、印度以及日本为首的亚太地区成为全球软件服务业的另外一极。目前，中国市场以 4300 亿美元的市值规模以及 162 家上市公司位居全球第二，虽然印度和日本市场由于市值规模分别为 1990 亿美元和 1700 亿美元位列第三和第四，但是其上市公司数分别达到 217 家和 307 家。

我们以美国、日本以及印度三个国家作为参照，发现了两个基本现象：

（1）美国、日本两大市场目前给予软件服务业的估值水平基本在 30 倍以上。但是，在结构上存在显著差异，日本市场更青睐龙头公司，前十大市值公司的市盈率要略微高于行业水平，而美国则截然相反。

（2）印度市场目前是全球软件与服务业的估值洼地，其总市值规模接近 2 000 亿美元，公司数目达到 217 家。但是其市盈率水平基本维持在 23 倍左右，而且龙头公司与行业内其他公司相比并未出现明显溢价。

具体到中国市场，我们发现的现象似乎更加有趣：

（1）中国目前有 179 家软件服务业公司分别在全球各大交易所上市，上市地点主要为中国内地、中国香港、美国纳斯达克、纽交所以及 OTC 市场，另有两家分别在英国和澳大利亚。其中 118 家公司 12 个月滚动市盈率为正值，具有可比市盈率。

（2）从全球范围来看，投资者给中国的软件服务公司明显的成长溢价，中国市值 TOP10 的公司在全球的加权市盈率水平接近 47 倍，显著高于美国 TOP10 的 30 倍、日本 TOP 10 的 36 倍和印度 TOP10 的 23 倍。而所有 118 家公司由市值加权计算的市盈率则高达 61 倍，投资者仍然在寻找下一个阿里、腾讯、百度。

（3）分地区来看，相比较于中国香港市场，美国市场的投资者对中国软件服务业龙头公司更为乐观。中国市值 TOP10 的公司目前在美国的市值加权市盈率高达 50 倍，比中国香港的 45 倍仍高。

（4）A 股的软件服务业不仅 TOP10 市值的公司 PE 高达为 62 倍，所有公司估值更是接近 110 倍。我们认为这种估值水平已明显偏高。

（5）中国顶级的软件服务类公司在海外上市，导致 A 股的软件服务业公司除了享受成长溢价以外同样也享受着优质标的稀缺所带来的“投资者饥渴溢价”。与此同时，A 股的壳资源溢价更是展示得淋漓尽致。在制度完善的市场若公司失去了竞争力，出于盈利前景公司的市值规模将急速缩小，与此同时较小的市值规模进一步带来流动性折价，使得小市值公司具有非常低的估值水平。但是，A 股市场市值排名后 10 位的公司加权市盈率水平已高达 113 倍，从这个角度来看 A 股市场由于制度套利所带来的估值溢价在股市制度日渐完善的未来将面临极大风险。

第八章　新股民盈利升级策略

第一节　高盈利的八大法则

不管是新手还是老股民，参入股票市场的目的只有一个，那就是盈利。但要实现盈利却是说起来容易做起来难。在中国这个“特殊”的股市当中，真正能够挣到钱的人并不多，更多的人炒股都是一场血泪史。

那么，如何才能够实现盈利呢？面对这个问题，很多人可能会觉得，盈利就是学会买卖股票，多买涨停板，懂得一些选股技巧。这其实是一个最明显的投资误区。

在中国股市，投资者想要实现盈利尤其高盈利并不是件简单的事情。投资者要实现盈利尤其高盈利必须要做一个整体规划和系统安排。笔者经过十多年研究和不断实践，创立了一套高盈利的八大法则理论。这个理论把投资看作一件严肃系统工程。依据八大要素核心设计交易计划，达到进退有度，刚柔并济，稳定获利目的。具体而言如下：

第一，入场时机。中国股市是一个不成熟市场，不成熟的一个重要特征就是不稳定，波动剧烈。换句话讲，就是一个典型周期性市场。在这种市场环境下，投资是具有较大风险的事情，其中最大风险就是市场系统风险。要实现高盈利首先要规避市场系统风险。因此，入场时机对实现高盈利非常重要。

第二，投入的资金量和顺序。当我们确定做股票投资时，我们首先就面临这样一个问题：我们要投入多少资金。我们必须考虑，这是不是一次机会？机会有多大？因为只有确定机会的大小，我们才好确定资金的投入大小和投入顺序。如果投资者一开始就能认识到当前是一次千载难逢的机会，果断地进行大资金介入，收益肯定会非常高。但假如投资者对形式认识不足，犹犹豫豫，就可能错过机会。有时还可能出现一种情况，投资者若认识不足，有点半信半疑，投资 10 万元来做，一年后看行情后又加了 30 万元，过了半年又加了 50

万元。即使你们前期抓住机会实现快速盈利把 10 万元变成 30 万元，但后面到牛市末期风险增大，只要出现一个跌停板，你就会损失 11 万元。若投资者一开始就介入 90 万元，前期实现从 90 万元资金到 270 万元的跨越，而在后面投资者就可以轻松做减法而不是做加法。从这个对比中我们可以看出，由于对新牛市整体认识不同，同样是投入 90 万元，最终收益和资金总额就会存在巨大差别。

第三，科学的选股模式。很多投资者挣不到钱的一个重要原因就是喜欢乱买股票，频繁买股票。甚至会出现自己买的股票代码是多少，属于什么行业，主营是什么，都不清楚情况。因此，建立一个科学的选股模式非常重要。那何谓科学选股模式呢？有没有一套成熟选股模式可以借鉴呢？

第四，波段操作能力。投资者要实现高盈利就要学会波段操作。波段操作的前提是投资者必须能够把握龙头板块和选中牛股。若投资者把握龙头板块和牛股，在这些股票实行波段操作，不仅能实现盈利最大化，而且有时还能规避大盘出现的调整风险。

第五，仓位的控制。仓位控制就是一个流量控制器。它对实现收益和风险控制具有很好的调节能力。在实战中，我们常常会发现这些问题，很多投资者利用很少资金买入很多股票。即使遇到牛市行情，很多投资者也很难实现较大盈利。从来不空仓。不管什么时候，投资者都不愿意空仓，一旦遇到调整，就容易产生很大损失。这些问题反映很多投资者对仓位控制不重视。因此，投资者要实现高盈利就要高度重视仓位控制。

第六，收益的稳定性。收益稳定性是评价一个机构和高手的重要指标。它也是实现高盈利的一个重要保障。很多投资者喜欢追涨杀跌，运气好一个月可能会有 20% 或者更高的收益；运气不好，就频繁割肉或者被套。当我们用一年时间去评价其收益，你会发现其收益率非常可怜。

第七，风险控制能力。股票投资本身具有很高风险，控制风险是实现高盈利的一个重要环节。那市场到底有哪些风险？如何评估风险？如何规避这些风险呢？规避风险有哪些手段和策略呢？本书将给大家详细讲解。

第八，及时果断退出市场。目前中国股票市场不够成熟，周期性明显。投资者在市场狂热时候一定要勇于退出市场。那如何判断牛市见顶？牛市高度到底由哪些因素决定呢？牛市见顶有没有信号可言？掌握这些知识点，我们就能做到急流勇退了。

经过十多年的操盘实战之后，我深知盈利的关键性和难度。一位投资者要想在股市中挣钱甚至挣大钱，并不能仅仅依靠侥幸买中几个涨停板或者买中一只牛股。因为这些都是我们实现高盈利的一个环节，而不是全部。一个没有全局观念的投资者很容易陷入迷恋细枝末节的怪圈当中，以至于只见树木不见森林。这就如同是建造一座城市，如果没有科学性、前瞻性的规划，高楼大厦建设得再漂亮，设计做得再精细，恐怕要不了几年就因为不符合实际情况而面临拆迁的困境。投资者要实现高盈利就必须做整体规划，按照以上“八大法则”全面设计自己交易的计划。

第二节　牛股的几大类型

要想在牛市中实现大幅盈利，跑赢大盘，关键是能够抓住牛股。何为牛股？可能很多投资者还不是特别清楚。牛股在不同的时期的定义是不一样的，我们把它分为熊市和牛市阶段，在熊市中，一只股票明显跑赢大盘，上涨幅度达到一倍以上，我们可以称之为“牛股”。在牛市中，明显跑赢大盘，上涨幅度达到3倍或者3倍以上。

根据运行的周期，我们把牛股分为三个类型。

第一种类型是慢牛股。一般发行这种股票的上市公司会有很扎实的基本面，很强的盈利能力，业绩有一个长期稳定的增长趋势，这种股票的整个运行周期会达到或超过18个月，上涨以稳步爬升的结构推进。很少出现连续涨停和大幅杀跌的情况。例如贵州茅台（图8-1）。

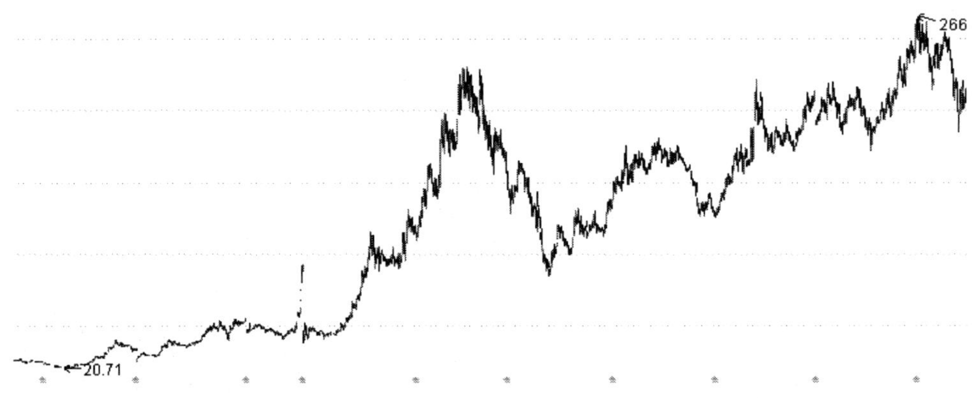

图8-1　贵州茅台（600519）2004—2012年走势图

第二种类型是强庄牛股。强庄牛股是指公司具有一定的题材，盘子相对比较小，通常不会超过3个亿，有大资金在一定时期内介入做庄运作股票。这样的股票通常会呈现明显的三个阶段：建仓期——拉升期——出货期。这种强庄股最主要的是具有一定的题材，完全由基金决定股票的走势。这是庄家左右一切的一种股票。例如迪康药业（图8-2）。

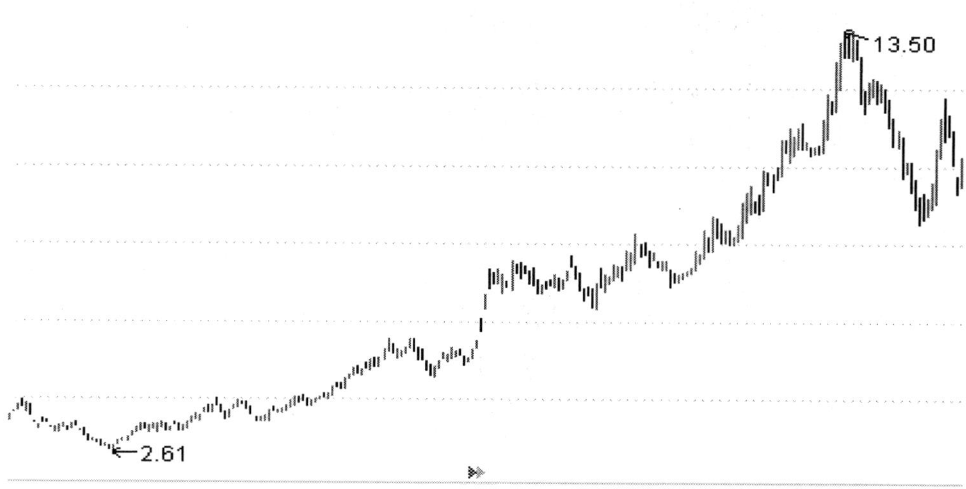

图 8－2　迪康药业（600466）2008—2009 年走势图

第三种类型是脉冲式牛股。脉冲式牛股一般受到政策性的利好而游资和机构借题发挥，在短时间内连续拉升，甚至以连续出现涨停板的形势推高股价。整个过程可能在一个月内就会完成。我们现在以 2010 年海南省罗牛山（图8－3）为例。

图 8－3　罗牛山（000735）2010 年走势图

2010 年，财政部牵头制定了海南岛免税政策实施细则，受此刺激，海南板块大涨，其中罗牛山（000735）涨停。

这是中国股票市场最常见的三种牛股类型，慢牛股是以业绩和基本面做支撑，因此它能够维持一个很长的运行周期和整体的上行态势，它是价值投资者的首选。而第二种和第三种牛股主要是具有一定的题材，有资金介入，资金决定其走势，一旦资金撤走，很多股价会打回原形。

目前这波新的牛市是在股指期货背景下运行的第一次牛市，沪深 300 将成为主力机构，是推进牛市上升的一张王牌，所以沪深 300 会受到主力资金的重点推进。而这些股票都集中在银行、保险、券商和大的央企方面。这些股票是国家的经济命脉，这些上市公司不是垄断企业就是寡头企业，基本面很扎实，业绩有保障，所以它会成为牛市的重要推进器。同时，融资融券的改革深入使机构的资金进一步放大，所以机构占整个投资的比重扩大，对市场的话语权进一步增强，而这些以基金为代表的主力机构更多地会将资金投向于基本面扎实、业绩有保障的蓝筹股当中。

沪港通开辟之后，更加直接鲜明地推进了中国内地股市和中国香港股市的对比，它会对我们 A 股股票市场的一些行业和一些板块的估值产生很大的影响。尤其对银行、保险、券商等金融板块。在香港股市当中，银行的估值是非常高的，这也是为什么这次牛市启动起来，银行、保险、券商等板块出现连续暴涨的原因。所以这波牛市将是有业绩保障的大盘股的天下，也就是我们说的第一种类型——慢牛股。这个新变化是我们广大投资者必须密切注意的。关于怎么把握第二种和第三种牛股，我们会在后面的章节做详细的讲解。

股市会进入一个新的纪元，过去依靠题材和消息满天飞涨的股票将会变得越来越少，而依靠基本面和业绩保障的股票将会受到越来越多的青睐。

这波的牛市可能会呈现一个典型的“二八”现象，即 20% 的股票将会持续上涨，80% 的股票会没有什么表现机会。

第三节　形态和成交量是发掘牛股的两把金钥匙

对于一名散户投资者来说，要想跑赢大盘，就必须挖掘和持有牛股。在目前的沪深两市已上市的股票已经超过1500只的情况下，去挖掘牛股并不那么容易。挖掘牛股需要很强的经验和技巧，在这里，我们分享一下挖掘牛股的一些经验。

很多投资者挖掘牛股的方法和手段主要有两种，一种是看题材，一种是跟进涨停板，但是这两种方式和方法都各有一些不足。

第一，依据题材来挖掘牛股，它存在很大的不确定性。

1. 题材更多地会体现出一种政策性的利好，政策的制定和公布的过程是严格保密的。一般的散户投资者很难事先了解，有实际上利好的题材一旦公布，有些股票就会出现连续涨停。普通投资者介入的机会比较少，即使有也是瞬间的机会，没有足够的敏感，很难把握这少之又少的机会。2013年中国成立上海自贸区，这也引发了自贸区概念龙头股外高桥（600648）的井喷行情，消息一出，外高桥（600648）就出现了连续涨停的行情（图8－4），而这对于普通投资者而言根本就没有机会。

图8－4　外高桥（600648）2013年7～9月份走势图

2. 大的题材往往会对一个行业或者一个区域产生实际上的利好。而一个行业和一个区域又具有几家甚至几十家上市公司，而真正能够产生持续上涨行情的往往只有一家。如何在几十家中选中一家，又是一个很大的难题。

3. 不是所有的题材都会引发一波牛股行情。所以，看题材而去贸然跟进就存在着很大的风险。

2011 年 3 月 11 日，日本发生 8.9 级地震，福岛核电站也因此出现泄漏，而事故升级带来的各种不确定性也让周边国家的居民深感不安。中国自 3 月 16 日后开始出现抢盐风潮，国内部分城市食盐等日用品脱销，成为 A 股市场相关品种受到热捧的主要原因。在游资推动下，从事盐化工的“云南盐化”开盘即告涨停，兰太实业也不甘寂寞盘中涨停。

但大涨并没有持续很久。居民因恐慌而抢盐的报道见诸媒体之后，国家开始通过官方渠道辟谣，居民恐慌情绪有所缓解，最后食盐股股票出现回落。(图 8－5)

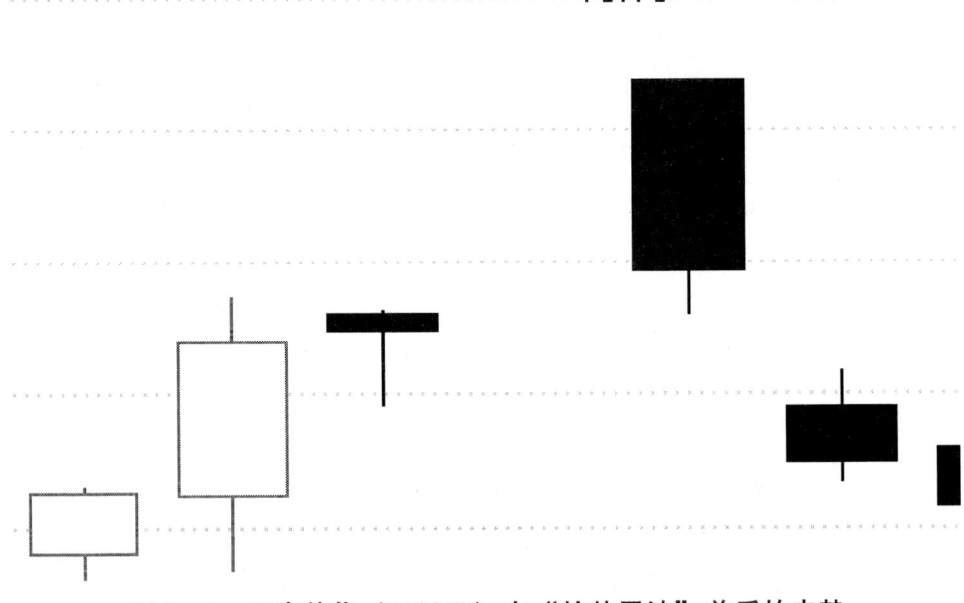

图 8－5　云南盐化（002053）在“抢盐风波”前后的走势

第二，跟进涨停板的策略。一只牛股在真正启动阶段，容易出现连续拉大阳或者以涨停的形式启动，所以很多短线的技术投资者更倾向于在第一个涨停板跟进，这种策略也会存在一定的风险。

1. 第一次出现涨停不一定有连续的上涨和大涨行情。很多股票出现过第一天涨停、第二天冲高回落、第三天归于平静的情况。

2. 有些牛股在第一次涨停之后，会连续以涨停板的形式出现，一旦投资者没有把握这个瞬间的机会，就很难再介入其中。

综上所述，要想挖掘牛股，并不是一件很简单的事情，那怎么才能发现一些牛股以及在它启动之前就介入呢?

如何抓住牛股一直是所有投资者面对的难题，现在有很多实战专家和学者分享了很多关于抓住牛股的一些技巧和方法，有些是从形态学入手，有些是从成交量和换手率入手，有些是将成交量和短线指标结合（如 MACD）。目前，其他的理论挖掘牛股的角度和侧重点各不相同，对这些理论我们也做了相关研究和实战测验，发现其中一些成功率相对比较高，而有一些成功率相对比较低。有的侧重于短线的爆发行情，有的侧重于题材，有的过于复杂，操作起来难以把握。

那么，如何让这些技巧变得更加简单，成功率更高，具备可操作性就显得异常关键了。在十多年的从业生涯中，笔者根据自己的实战经验，总结出了一套发掘大牛股的理论体系。总结起来只有两句话：以“K 线形态”和“成交量”为核心，以题材和基本面为辅助的牛股追踪理论。

这套理论改善了以往一些理论的不足之处，具体应用到实践当中也有很强的操作性和较高的成功率。下面，我们来进行具体论述。

一般的大牛股，它的走势通常会分为三个部分：建仓期、拉升阶段、出仓阶段（如图 8－6 所示）。

一般大牛股的运行周期通常在半年到两年之间，更多的会集中在半年和一年。我们发掘和选择牛股的核心是怎么发现一只股票是否被庄家盯上，庄家要做一只股票必然要花上 1 ～ 3 个月的建仓周期，在这个过程中，一般会出现一些通常的规律。这些规律最容易表现出来的便是“K 线形态”，所以，运用 K 线形态来发觉一只股票是否被庄家重创是一种最有效的方法。建仓完毕到拉伸阶段这个转换需要成交量来发现，所以，结合 K 线形态和成交量来发觉牛股是目前技术上最有效的手段。

现在我们翻出历史上最近十年以内的牛股，我们就可以清晰地发现几个专

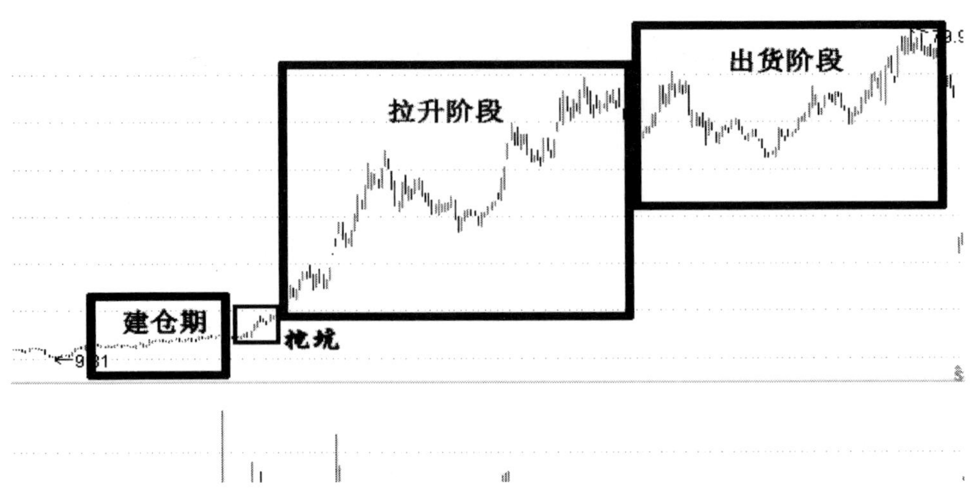

图 8－6　精功科技（002006）2010—2011 年的大牛股

家最典型的形态，现在我们把这几个最典型的形态与大家一起分享一下。

一般的专家在做一只股票会经历 2 ～ 5 个月的蛰伏期，在这个过程中，会呈现出一些蛛丝马迹，我们可以通过 K 线形态和成交量来发现这些蛛丝马迹。所以我们把成交量和 K 线形态作为发现牛股的两把金钥匙。

在股票启动前的一个月，通常会呈现一种缓慢抬升的过程，而且以小阳柱居多，一般情况，其倾斜不会超过 30 度。而且不会出现明显的波动，整个图收得很紧凑。不会有明显的宽幅震荡，也不会在天图上呈现上下影线。而且在临近启动前，大多数可能是在半个月内出现一种挖空行情，在挖空的过程中，成交量极度缩小。

而市场成交量对价格又有很大的影响，所以我们必须对成交量和价格之间的关系有一个清醒的认识，并在此基础上做出合理的分析和判断。这就要求我们在实际操作过程中注意以下几点问题：

1. 在市场上行或下探时，其趋势可以用较大的成交量或日益增加的成交量进行确认。也就是说，假如我们要逆趋势而行，那就必须用成交量日益缩减或清淡成交量来进行确认。

2. 一旦市场成交量保持锐减，就意味着目前趋势正开始弱化，假如市场在清淡成交量的情况下创下新高或者新低，那么就值得投资者怀疑和深思了。

3. 一只股票的成交量大小反映的是该股票对市场的吸引程度。这是一个很简单的道理，当更多的人对某只股票看好时，他们就会投入更多的资金；而一旦他们不看好该只股票，那么就会卖出这只股票，引起价格下跌。当然，这也不是绝对化的，因为市场上并不会出现所有人对股票一致看好或看坏的极端局面。

当然，这是一个比较单纯的看法。实际上，我们可以做出更深层次的理解：比如市场上现在有 200 人参与某只股票的交易，当这只股票的价格在 20 元时有 150 人看好，他们随后买进。成交量变多之后，股票的价格出现了上涨。当股票的价格达到 30 元的时候，较早买入的 150 人中有 70 人认为价格不会再涨，于是卖出了股票。而起初不看涨的 50 人中有 30 人改变了自己的想法，认为价格还会上涨，于是买入了股票。这时就出现了一种价格上的不平衡，卖出的有 70 人，而买入的只有 30 人。在这种情况下，股票价格可能会下跌。

也就是说，对某只股票，并非所有人都会产生一致的想法，在买入和卖出的过程中，成交量可能会出现一些不平衡的状态，而这也给一些投资者造成了误导，他们认为，股票的成交量越大，价格就越涨。因此，他们可能会将成交量当成自己判断买入卖出某只股票的关键依据，这其实是一种比较片面的看法。

我们都知道，只要存在一个买入者，那么必然有一个相对于的卖出者，无论在什么价格，都是如此。在一个价格区域内的成交量如果出乎意外地变大，只能说明投资者在这个区域存在非常大的分歧。

总而言之，成交量可以作为我们判断价格趋势的一种信息工具，但也绝不能完全依靠成交量这一点来直接判断，我们需要结合市场情况，利用 K 线形态和成交量这两套工具作为自己的判断依据，把 K 线形态当成是套牛索，把成交量当成是力度，双向协调，牛股自然会离你更近一步！

第四节　通过基本分析和题材确定仓位和持股时间

上节我们重点讲述了如何通过技术形态和成交量来发掘牛股，寻找买入点。这节我们重点讲一讲，假如我们在同一时期发现有几家上市公司的股票都具备完美的形态，那我们怎么选择？又该如何安排仓位、决定持股时间？

以上这几个问题都很常见，但也十分重要。因此，我们必须要有一套正确而科学的判断手段。

图 8－7、图 8－8 是两只股票在 2014 年 7～8 月间的形态，而且都是典型的匍匐形态，成交量也都保持着良好而温和的放大态势，在这种情况下，我们该如何决定选择哪只股票呢？

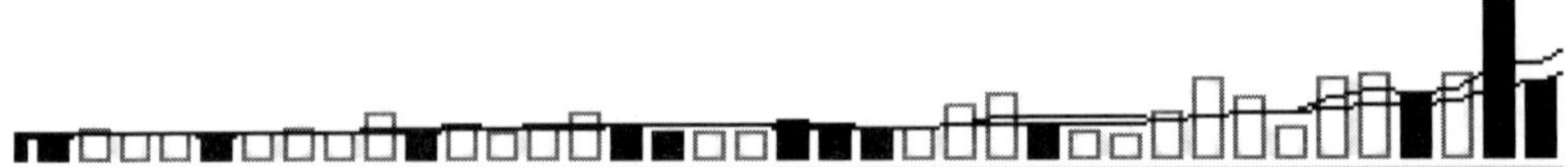

图 8－7　深天地（000023）2014 年 7～8 月份走势图

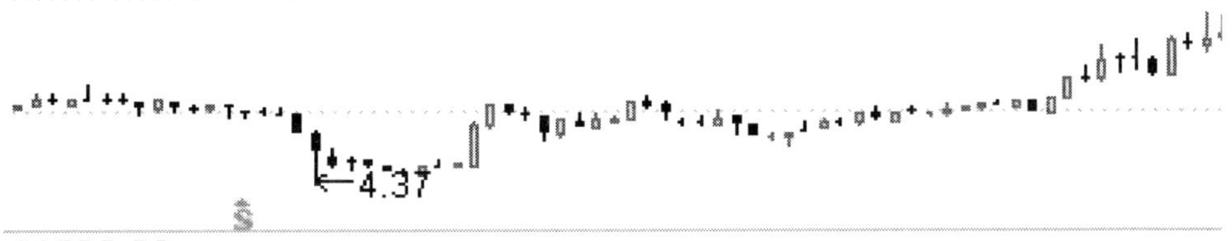

图 8－8　宗申动力（001696）2014 年 7～8 月份走势图

通过看这两幅图我们不能立即得出结论，因此，这就需要我们做一下基本分析和题材分析。首先，我们需要对能够掌握的一些信息进行分析。

“深天地”在 2013 年 10 月份曾发布了多个公告，从这些公告内容中，我们可以得到一些潜在的信息。

公司大股东深圳市东部开发（集团）有限公司（下称“东部开发”）此次要约收购期满，预受要约股份数量为 19.29 万股。而这个数字距离其之前预期的 1 000 万股相距甚远，不足 2%。

按之前披露的《要约收购报告书》，东部开发拟向深天地除收购人以外的全体流通股股东发出部分要约，按 6.70 元/股的价格收购 1 000 万股深天地 A 股票，合计占上市公司总股本的 7.21%，本次要约收购起始时间为 2013 年 9 月 3 日（含当日），截止时间为 10 月 2 日（含当日），共计 30 个自然日。要约收购价格过低是此次接受要约收购股份远低于预期的原因，数据显示，9 月

2 日深天地 A 报收每股 7.55 元，相比东部开发的要约收购价每股 6.70 元高出了 0.85 元，要约收购折价超过一成。

2013 年 10 月 2 日公告：目前本次部分要约收购本公司股票已经实施完毕。截至 2013 年 10 月 2 日，本次要约收购期满。根据中国证券登记结算有限责任公司深圳分公司的统计，预受要约股份数量为 19.29 万股，深天地股东 4 户，其持有的 19.29 万股股份接受收购人发出的收购要约。

根据《上市公司收购管理办法》的规定，对于本次部分要约中最终预受要约股数没有超过收购人预定收购数 1 000 万股的情形，则收购人按照收购要约约定的条件购买被股东预受的股份 19.29 万股。目前，东部开发此次收购深天地股份已完成过户手续，此次要约收购相关事宜已完结，深天地 A 自 2013 年 10 月 14 日开市起恢复交易。

资料显示，此次要约收购之前东部开发持有深天地 A 4161.29 万股，为深天地 A 第一大股东。东部开发称收购是看好深天地 A 未来的发展前景，有意增持深天地 A 的股权，而且通过要约收购，使得深天地 A 具备更稳定的股权结构，有利于深天地 A 长期可持续发展。目前暂无在本次要约收购完成后 12 个月内通过直接或间接的方式继续增持深天地 A 股份的计划，但不排除收购人根据市场情况继续增持深天地 A 的可能，但该等增持应不以终止深天地 A 的上市地位为目的。

值得一提的是，2013 年 10 月 14 日晚间深天地 A 同时披露了前三季度业绩预告，称实现扭亏为盈。资料显示，上一年前三个季度深天地 A 亏损 1121 万元，今年前三个季度预计实现归属于上市公司股东的净利润为 1100 万～1400 万元，实现扭亏。

在 2014 年 7 月 8 日深天地又发布了一个耐人寻味的信息，深天地 A（000023）否认小马奔腾的借壳传闻。针对网传重组小马奔腾影视公司的消息，7 月 7 日，深天地 A（000023）在互动易上表示，公司不存在最近要重组小马奔腾影视公司的情况。从这些信息可以看出来，这家公司在 2013 年就开始重组前期工作，有为重组做准备，同时时不时传出重组方信息，虽然消息不一定正确，但至少可以说明这家公司肯定有重组意向。因此，在技术形态相近情况下，我们会优先考虑具有重组题材的深天地，后来事实也证明深天地确实重组，股票走势明显强于宗申动力。

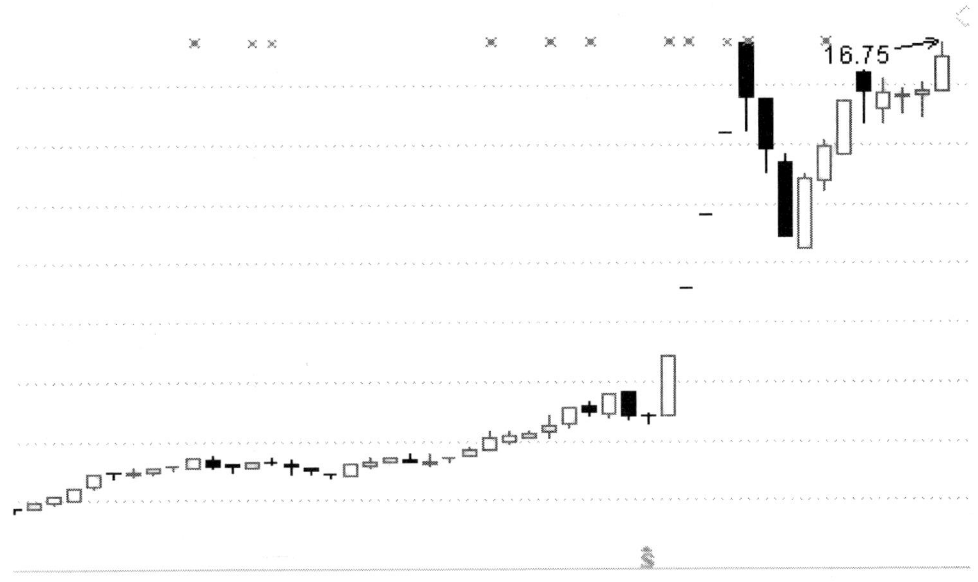

图 8－9　深天地 2014 年 7 月—12 月日线走势图

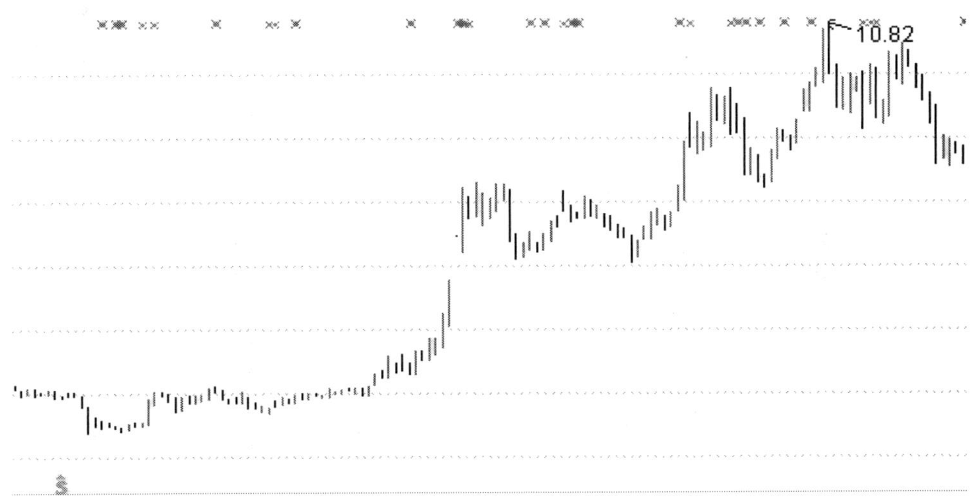

图 8－10　宗申动力 2014 年 7 月—12 月日线走势图

上面这个例子讲述的是在题材不同的情况下如何做选择，而投资者遇到这种公司本质发生改变的情况并不多。因此，一般而言，我们应该更侧重基本面分析。也就是对一家公司的素质进行考察。一家公司素质到底怎么样？通常应该从两个方面进行分析：第一，这家公司所属行业；第二，公司本身素质。

一家企业业绩增长能力跟行业景气程度有很大关系。尤其是有些企业主营产品和主要原料价格波动具有明显周期性特征的企业。如资源性企业，有色煤炭和钢铁行业，这些行业的景气程度对上市公司业绩影响明显。但不可能所有企业都存在这种周期性特征明显的行业，具体分析中研究行业我们看重两个方面：行业生命周期和行业结构。每个行业除了会同国民经济发展保持一定的关联外，其自身也都要经历一个由初创到衰退的发展过程，这个过程便称为行业的生命周期。一般而言，行业的生命周期可分为四个阶段，即初创阶段、成长阶段、成熟阶段和衰退阶段。对于处在成长阶段的企业估值可以稍微高点，如现在全世界都知道铁路系统进行升级换代，高铁板块正处在一个高速成长阶段，但一定要考虑产品本身附加值和是不是处在产业链高端。而对成熟阶段企业一定要考察其市场规模。行业结构中存在垄断企业或寡头企业可以给予估值应高偏高。在中国还是存在很多这样的企业。如中国石油，中国石化，中国联通等。

其他分析可以了解为外围分析，现在我们要进入最关键的分析就是解答这家企业到底怎么样，盈利持续性如何。我们首先要学会财务分析，面对复杂庞大的数据，我们怎么把握关键点？建议主要从以下几个方面去把握：

第一，了解主业。最主要是看主业是否突出，主业利润是否有足够的空间。同时要衡量主业之间是否存在相关性，是否存在上下游关系，或者可以共享市场、技术、服务等资源；利润空间除了要看主业的毛利润空间，还要看净利润空间有多大。有些产品毛利率虽然高，但运营费用特别高。尤其要注意费用中“人力成本”一项。若该公司属于人口密集性行业，就一定要注意。因为当前中国正处在人才成本快速上升阶段，势必大幅提升费用。

要关注公司的主营业务构成和主营业务的利润率情况。要分析公司核心产品是否具有竞争力。产品竞争力除了考虑该产品本身的技术含量和市场需求，还要考虑是否容易被仿制、被山寨。当前中国知识产权保护还是没有到西方发达国家水平，中国甚至被称为“山寨王国”。所以有些上市公司产品若容易被仿制，竞争力就要被低看。

第二，了解盈利状况。对于投资者而言，不仅要了解动态分析公司盈利能力变化，还要把握公司盈利能力质量的高低，看看公司的盈利是否具有持续性。如通常说来，公司的盈利能力如果年度指标出现下降，往往是公司中长期经营转向劣势的标志。当公司盈利能力出现下降的时候，需要特别关注公司的规模是否扩大，是否能够保持总利润或者净利润不变。当公司盈利能力出现上升时，一般要消除偶然因素及季节性因素的影响，从而判断这种盈利能力的上升是否可以持续。有些上市公司本身持有其他上市公司股份，若卖出股份增加了投资收益，利润是增加了，但并不是核心产品盈利增加。其次还要通过关注公司利润构成、净利润率及经营现金流的情况来判断公司盈利的质量高低。每股收益通常存在人为加工成分，要想识别真面目就必须分析每股收益里所包含的内容。市盈率具有比价效应，可以通过不同公司的市盈率的比较，判断出哪些公司具有相对的投资价值。如果整个行业内普遍出现盈利能力上升，就是一波行业大行情的预兆，如 2005 年有色金属板块。

第三，了解上市企业规模。看规模首先要看公司的收入规模、利润规模。其次要看公司在做大的同时是否做强。再则要看公司是否有足够的拓展空间。在看规模的时候主要关注公司的主营业务收入和净利润。看企业规模往往能够发掘出行业的龙头。一些企业特别是中小型企业面临共性问题，上市以后发展的空间有多大，企业上市以后除了能够拥有融资渠道，其他的成本，比如劳动力的成本、管理的成本等必然增加，反过来会压缩这些企业的利润空间，降低企业的竞争力。

第四，注意效率问题。一家上市公司业绩增长质量跟效率有很大关系，效率要从三个方面来看。（1）看增产有没有增效。（2）看中间费用有没有吞噬利润。中间费用是指营业费用、管理费用和财务费用。（3）看员工的效率。员工效率体现的是企业的管理水平。

第五，了解家底。选择上市公司，除了看公司的盈利能力，还要看公司的资产。尤其是中国很多上市公司还存在母公司，很多上市国有企业甚至只是大型国有企业一个子公司。通常把上市公司分成三种类型的公司，第一种是殷实型的公司，第二种是虚胖型的公司，第三种是破落型的公司。公司家底要关注公司的资产状况，尤其是流动资产状况。虚胖型的公司表面上资产非常庞大，历史上也可能曾经有过辉煌，有的牌子也很大，但实质上大部分是靠借银行的钱撑起来的排场，只要资金渠道出现问题，所谓资金链一断裂，这些公司的巨额不良资产就可能暴露出来了。

第六，注意周期。经营性周期有两种类型。一是营业性周期。二是账务性周期，如一些依靠投资收益并表的公司总在二季度和四季度反映经营业绩较好。

第七，了解外财情况。不少上市公司为了保壳，依靠外来的补贴或投资收益。有的地方不希望当地为数不多的上市公司退市，不断通过财经直接补贴上市公司，保住壳。据上交所和深交所公告统计显示，2013 年 10 月 1 日至 11 月 21 日，共有 35 家上市公司发布了获得政府补贴的公告。其中，沪市中 12 家上市公司共获得政府补贴约 8 亿元，深市 23 家公司获得政府补贴约 3.53 亿元。35 家上市公司获得财政补贴约 11.53 亿元。其中 * ST 南化一家就获得了 2.9 亿元的财政补贴。那么这家公司的上市盈利能力根本就是虚构出来的。还有的上市公司钻财务政策的空子，如在上一年将不良资产大量计提减值准备，一次亏透，后面年度再把减值准备充回来，这样就能扭亏为盈了。

第八，了解负债情况。负债是指公司对外的欠款，欠款对象包括银行、供应商。很多投资者有时只注意到对银行负债而忽视对供应商负债。现代商业模式对供应商负债成为流行手段。分析企业的负债重点关注两个方面：第一，企业负债程度，一般 30%～65% 为较合理的负债度。第二，企业的预收账款变化情况，预收款是一种企业负债，将来要用产品或服务归还。但反之，如果预收款大幅上升，说明企业产品销路转好，客户需预付才能提货，从另一个角度说明公司经营的改善。

第九，看投资。投资主要分长期投资和短期投资。看投资要从投资收益及投资结构两方面着手。主要关注利润构成中投资收益所占比例，长期投资、短期投资的构成比例。

通过技术形态和成交量我们锁定潜在牛股，接下来就是我们上面所述通过进行基本分析和题材分析来确实这只股票的潜力到底有多大，能不能成为盈利几倍甚至上 10 倍的牛股。这样才好确定是否要重仓或者全仓买入，是否要长期持有。

第五节 学会剔除伪牛股

货币有真假，牛股也有真假。假币看在眼里、捏在手里的感觉与真币不一样，这是其与真币视觉和触觉上的区别。而真伪牛股的区别当然不可能有触觉上的区别，但假如将技术图作为一种视觉目标的话，那么真伪牛股在视觉上也会存在一定的区别。

当然，这只是我们列举的一个简单例子。实际上，真伪牛股与真假币的鉴定难度存在很多的区别，因为股市并没有“验钞机”。因此，我们想要去伪存真，看清伪牛股，就必须要炼出一双火眼金睛，让自己的眼睛成为剔出伪牛股的“验股机”。

在谈这个问题前，我们必须要先认识到一个问题：在股市中，的确有一些披着“牛股”外衣的“伪牛股”存在。《每日经济新闻》在 2009 年 1 月时发表过一篇文章——《成功“揭黑”，每日经济新闻助投资者剔除“伪牛股”》，这篇文章中列举了多个案例，细数当时的几大伪牛股。在这里，为了做更好的说明，我们引用其中一段：

> 吉林制药天价钾肥重组时间：2008 年 7 月。影响：吉林制药重组失败，股价被打回原形。
>
> “第二个杭萧钢构。”
>
> 这是《每日经济新闻》资深同仁在看到吉林制药定向增发预案后的第一直觉。后来的事实证明了这一直觉的精准性：吉林制药果然从杭萧钢构手中，接过了“妖股”的名号。
>
> 2008 年 7 月 15 日晚间，停牌数月之久的吉林制药公布了重大资产重组预案，准备定向增发 9 亿股股份，用于收购青海一块估值高达 72 亿元的钾肥资产。借此，吉林制药将从一家半死不活的药企，昂首迈进大热的钾肥概念股行列，年净利润也将由区区一千万暴涨至近十亿元！
>
> 好大一块肥肉！次日复牌后，吉林制药连封 4 个涨停。市场已经俨然

将该股视作第二个盐湖钾肥（000792）。

然而，《每日经济新闻》从一开始就没有被吉林制药许诺的丰厚业绩给蒙上眼。我们指出了事件的两大疑点——这块资产距离国内一家大型钾肥上市公司不过区区数百公里，为何之前业内人士从来没有人听说过？此外，一块开发了好几年却至今没有成品的资产，如何估出72亿的天价？

为此，《每日经济新闻》率先远赴青海，到当地实地调查真实情况，了解到的结果令人相当吃惊——号称价值72亿的钾矿实际价值可能不到千万。此后，本次重组的主导者、吉林制药大股东的种种行径，以及二股东频频减持的行为被陆续揭露出来，事件的原貌也日益清晰。

2008年8月29日，在发布了一则苍白的澄清公告后，吉林制药复牌，收获两跌停。11月27日，吉林制药正式承认重组失败。

经历了近半年的癫狂之后，目前吉林制药的股价已被打回原形，回到去年4月份停牌前水平。

这个案例说明，牛市当中不但存在伪牛股，而且伪牛股还存在非常强的迷惑性。稍不留意，就可能中招，错认伪牛股为牛股，进而带来投资风险。

所以，如何去伪存真就成了一个摆在投资者面前的重大难题。

在前面几节我们也重点讲了充分利用K线形态和成交量来发掘牛股，通过基本面和题材来佐证牛股的理论体系。其实在我们长期的实践和培训过程中，我们会发现很多投资者，包括我们很多初级交易员，在运用这套理论时都会出现很多问题。现在我们和大家一起分享一下很多投资者利用这套理论发掘牛股时容易出现的误区。

第一，启动前没有挖坑行情。很多投资在运用利用k线组合和成交量来发掘牛股时，会发现一种这种情况。现在以青海明胶为例子，青海明胶这个股票在2015年2月9日到3月10日K线排列出一个完美连续小阳烛形态，但缺点是这个股票在3月10日前大资金介入后，并没有出现一个挖坑行情，而是选择在3月11日直接启动上涨行情。这个说明一个什么问题呢？这个反应出庄家过于急躁，有点想急于兑现获利，说明这个庄家并不是一个愿意沉下心来长期做上去的庄家，借此可以判断这个股票不太可能成为翻几倍牛股。因此这个股票更可能是昙花一现的伪牛股（图8－11）。

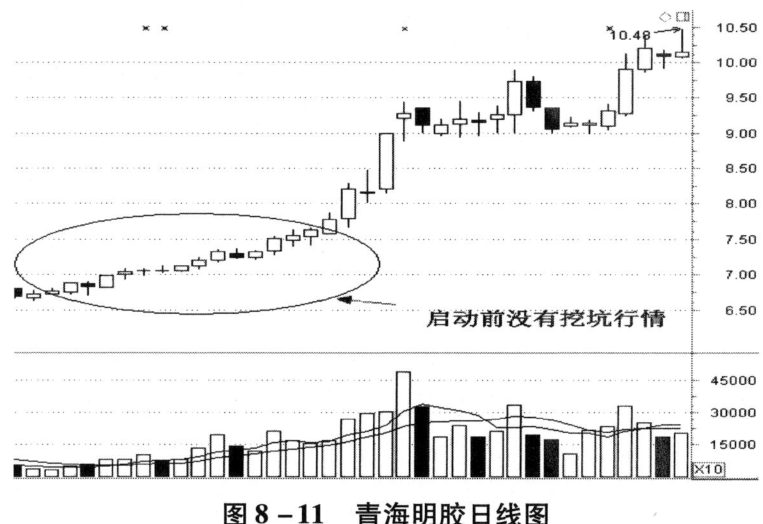

图 8－11　青海明胶日线图

第二，盘子过大，业绩太差。

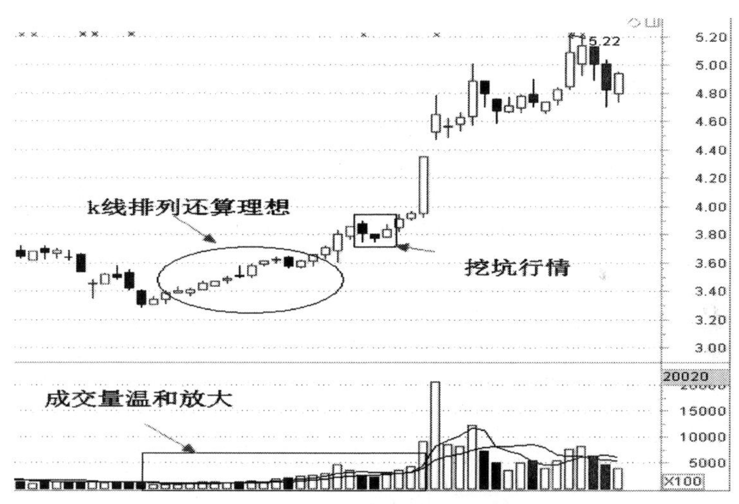

图 8－12　安泰集团日线图

第三，安泰集团在 2015 年 2 月 9 日到 3 月 17 日走出一个匍匐形态，而且成交量也是呈现温和放大的态势（图 8－12）。初一看，这个股票有成为牛股可能性。我们若仔细研究就发现这个股票有两个明显缺陷：其一，这个股票盘子很大，有 10.68 亿的流通股，庄家控盘就会变得困难；其次，这个股票不仅盘子大而且业绩也非常差，这个就直接影响散户跟进兴趣。这两点结合在一起，就会直接导致这个股票很难走出大牛行情，又可能成为伪牛股，后面走势也证明这点。

安泰集团最近两年每股收益表

★最新主要指标★	14-09-30	14-06-30	14-03-31	13-12-31	13-09-30
每股收益（元）	-0.3100	-0.2000	-0.0600	-0.2400	-0.1000
每股净资产（元）	1.8527	1.9656	2.1018	2.1641	2.3074
净资产收益率（%）	-15.5800	-9.6200	-2.9100	-10.5500	-4.1900
总股本（亿股）	10.0680	10.0680	10.0680	10.0680	10.0680
流通A股（亿股）	10.0680	10.0680	10.0680	10.0680	10.0680

第三，启动后换手率高得惊人（图8-13）。

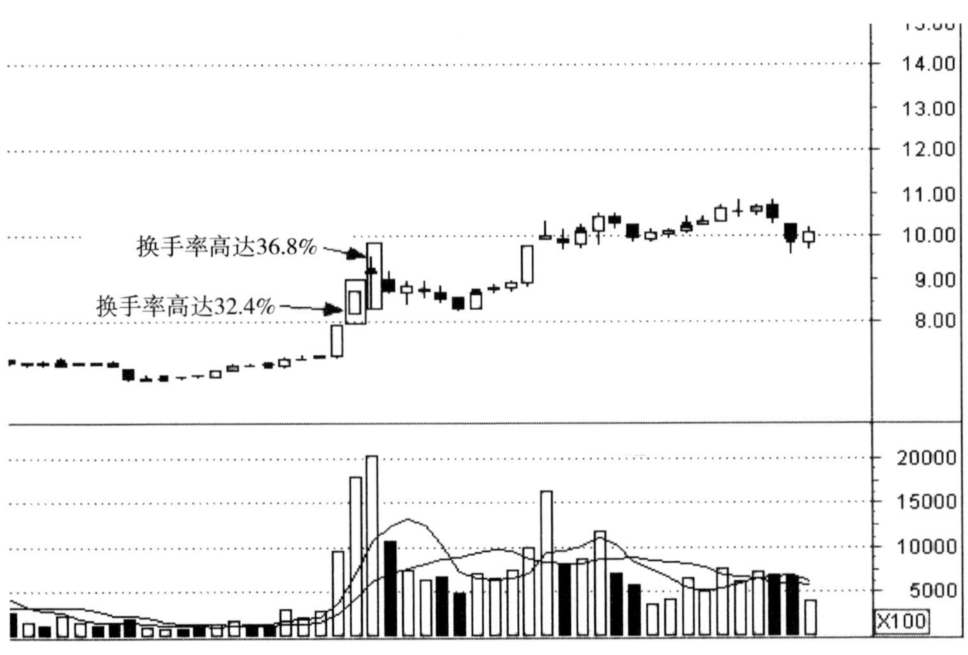

图8-13　大康牧业日线

有些股票经过蓄势盘整后，进入拉升阶段后换手率高惊人。这个时候投资者一定要注意，换手率太高就可能是庄家在出货。那这样股票就很难成为牛股。我们以大康牧业为例，大康牧业 2015 年 3 月 4 日换手率高达 32．4%，而 3 月 5 日换手率更是高达 36．8%，如此惊人换手率说明庄家不想玩了，在逐渐派发了。